당 신 의 **남 자** , 그 리 고 **여 자** … 이 곳 에 !

키스방 이야기

그   녀   의   일   기

처음

당 신 의 **남 자** , 그 리 고 **여 자** … **이 곳 에** !

키스방 이야기
그 녀 의 일 기

발 행 | 2019년 11월 5일

저 자 | 나나로

펴낸곳 | 도서출판 처음

출판사등록 | 2014.07.15,(제2014-16호)

주 소 | 경기도 고양시 일산서구 일현로 140

전 화 | 02-3472-1950 | 팩스 02-379-4535

이메일 | mrm97@naver.com

ISBN | 979-11-965357-0-4

당신의 **남자**, 그리고 **여자** … 이곳에!

키스방 이야기
그 녀 의 일 기

나나로·지음

처음

　버스를 타고 가면 수시로 접하게 되는 도로변 나지막한 건물 한 구석에서 키스방이라고 적힌 간판을 보는 일은 그리 어려운 게 아니다. 처음 키스방을 접한 게 10년 정도 되었을까. 어느 순간 하나둘씩 생기기 시작한 키스방은 한때 우후죽순격으로 늘어나다 지금은 어느 정도 정체기에 접어든 상태다. 그럼에도 아직 전국적으로 보면 500여개 이상이라는 것이 화류계 고수들의 증언이다. 특히 많은 곳이 서울을 위시한 경기권이다. 간단하게 계산해보자. 단 하루를 일했건 혹은 꾸준히 몇 년을 일했건 그곳에 몸을 담은 여성들의 수는 어림잡아도 수만에 달할 게 분명하다. 흔히 말하는 매니저들이 그들이다. 일반 여성으로서는 감당하기 힘든 직종임에도 그곳에서 일한 이유는 분명하다. 건전한 일반 알바보다는 훨씬 더 많은 돈을 만질 수 있기 때문. 처음 본 사람에게 입술을 내주는 것은 당연하고 때론 유사 성행위 내지는 섹스까지 감수해야 하는 일을 하는 이유는 그 외엔 없다.

　알려진 바에 따르면 키스방 대부분은 현금 거래만 하는 것으로 전해진다. 또한 이곳을 찾는 충성 고객들 역시 적지 않은 것으로 파악되고 있다. 이러니 돈이 안 될 수가 없는 노릇 아닌가. 경쟁업체가 늘수록 수위 경쟁이 심해질 것은 자명한 이치. 돈은 더 많이 벌겠지만 그만큼 진상을 감내해야 할 확률도 늘 수밖에 없다. 키스방에서 단지 키스만 하겠거니 예단하고 돈 좀 벌겠다는 순진한 생각으로 입문한 여성들이 단 하루, 혹은 며칠 만에 그만 두는 이유도 험한 꼴을 수시로 겪는 까닭이다. 그들 중 대부분은 유흥경험이 거의 없는 20대의 평범한 여성들이다. 노래방, 오피스텔, 룸싸롱 등 유흥업소는 그 곳에서 보통 무슨 일이 일어나는 지 안다. 그런데, 키스방은 잘 모른다. 매니저를 뽑을 때 일에 대해 제대로 알려주지 않고 뽑는 경우가 많기 때문이다. 여성들이 이 일을 하기로 마음먹었다면 제대로 알고 했으면 좋겠다. 물론 하지 않으면 더 좋겠지만. 그래서 이 일로 상처받는 여성이 줄어들었으면 한다.

이 책을 내기로 한데는 그런 안타까움이 깔려있다. 제대로 각오를 한 여성이라면 몰라도 그렇지 않다면 굳이 그런 상처를 감내해야 할 이유가 없다고 믿기 때문이다. 이 책의 저자는 1년 남짓 키스방에서 일하며 각양각색의 경험을 한 여성이다. 인터뷰도 더해졌다. 그녀가 직접 겪은 그 일들이 키스방에 관심을 둔 여성이나 남성들에게 어떻게 받아들여질지가 궁금하다. 저자의 경험대로라면 별의별 남자들이 다 있기 때문이다. 물론 일부의 남성들이 벌이는 변태스러운 행위들이 대한민국 모든 남성을 대변하는 것은 아니겠지만 적어도 그런 사람이 있다는 것만은 분명하지 않은가. 단 둘만의 은밀한 공간, 키스방에서 벌어지는 암컷과 수컷의 치열한 공방전을 통해 대한민국 성풍속도를 조금이나마 이해하기를 바란다.

편집자 주

contents

contents

당신의 **남자**, 그리고 **여자** … 이곳에!

키스방 이야기
그 녀 의 일 기

글 · 나나로

처음

시작하다

왜 이 일을 하나?

개소리다. 직업에 귀천이 없다는 말은 온전히 개소리에 불과하다. 백번 양보해 공장에 다니는 정도까지는 그럴 수도 있다. 그러나 소위 사람들이 말하는 '몸을 파는 일'도 그렇게 생각해줄까? 절대로 그렇지 않다. 겉으로는 그럴 수 있다고 말하는 사람들조차도 막상 주변의 누군가가 그런 일을 한다면 경멸 어린 시선을 보낼 거란 사실을 너무 잘 아는 나이가 되어버린 탓이다. 하긴 이 일을 하기 전에는 나조차도 그랬으니 굳이 그들을 비난할 일도 아니다. 세상엔 수천, 수만 가지의 직업군이 존재한다. 그토록 많은 건전한(?) 직업을 놓아두고 굳이 술을 따르고 웃음을 파는 일을 해야 할 이유가 있는 걸까. 그건 그냥 좀 더 편하게 돈을 벌고자 하는 의지박약한 이들이나 하는 것이다라는 게 사람들의 진정한 속내다.

　나만해도 어릴 적에는 유흥업소에서 일하는 사람들을 고깝지 않은 시선으로 보아왔던 것이 사실 아닌가. 도무지 이해할 수가 없었다. 왜 그런 일을 하는 걸까. 자발적으로 그런 일을 하는 건 아니겠지 생각했다. 신문이나 방송에서 떠드는 것처럼 인신매매를 당했거나 혹은 감당할 수 없게 불어나버린 사채 때문에 울며 겨자 먹기 식으로 이런 일을 하겠거니 싶었다. 물론 지금은 그게 사실이 아니란 것을 너무도 잘 안다. 다는 아니지만 상당수의, 혹은 그 이상의 여자들이 자발적으로 이일을 하고 있다는 걸 눈으로 보고 귀로 들어왔기 때문이다.

　화류계로 통칭되는 유흥업소의 종류는 당신들이 생각하는 것 이상으로 다양하다. 룸살롱, 안마시술소, 오피스텔 매춘, 건전마사지 등등 이루 다 손꼽기조차 힘들 정도다. 그중 하나가 키스방이다. 키스방이라. 사실 이 일을 하기 전까지만 해도 나 역시 그게 무엇인지조차 몰랐다. 글자 그대로 풀어쓰면 키스를 하는 방이니 막연하게 키스를 하기만 하면 된다고 생각하기 쉬울 것이다. 그런 곳을 찾는 사람들은 누굴까? 그냥 키스가 그리운 사람들인 걸까? 생면부지의 남자들과 거리낌

없이 키스를 나누는 여자들은 또 어떤 사람인 걸까? 이 일을 하기 전의 나라면 그런 곳을 찾는 남자들 못지않게, 아니 어쩌면 그 이상으로 자신의 입술을 무의미하게 낭비하는 여자들을 혐오했을 게 분명하다.

생각해보라. 사랑하는 사람이라야 가능한 키스를 처음 보는 남자와 행하는 여자가 정상일 리는 없지 않나. 그녀들은 그 일이 좋은 걸까? 그녀들은 단지 돈 때문에 그 일을 견디는 걸까? 이곳에 와서야 알게 되었다. 갓 스무 살이 된 어린 아이부터 건장한 아들을 둔 30대의 싱글맘까지 너무나 다양한 여자들이 그놈의 돈을 벌기 위해 자신의 입술을 내어준다는 사실을. 이 일이 좋다는 여자는 없었다. 있다면 쉽게 많은 돈을 벌 수 있기 때문이라는 이유 하나뿐이었다.

한 시간 기준으로 고정 시급 4만원. 많게는 5만원. 운이 좋은 날에는 팁도 받을 수 있는 일. 그래서 세금 한 푼 떼이지 않고 10만원 남짓의 시급을 받을 수 있는 일이 세상에 그리 흔하던가. 자신들의 입술을 내어준 대가로 그녀들은 퇴근할 무렵이면 두둑한 현금을 지갑에 넣어갈 수 있게 되는 것이다. 물론 그로 인한 혹독한 대가는 감수해야만 한다.

가장 가까운 이들에게 자신의 직업을 밝힐 수 없는 것은 물론이고 사회로부터도 인정받지 못하는 것은 당연한 일. 직장인이라면 누구에게나 있게 마련인 4대 보험은 먼 나라 이야기다. 아무리 힘들어도 가장 가까운 친구에게조차 푸념을 늘어놓을 수도 없다. 뭐라고 그럴까. 감기 걸린 남자와 키스를 하다가 옮아서 슬프다 그럴까. 아니면 너무 심한 입 냄새 때문에 두통이 날 지경이라고 하소연이라도 할까. 이도저도 아니라면 내 몸을 더듬는 끔찍한 손길을 뿌리치느라 진이 다 빠졌다고 그럴까. 아무 것도 할 수 없다. 그런 일을 겪을 때마다 회의감이 든다. 그깟 돈이 뭐라고 이렇게까지 해야 하나 싶어지는 까닭이다.

안다. 그깟 돈이라고 비하하기엔 너무 큰 금액이라는 사실을. 사람에 따라 다르겠지만 운수 좋은 날이라면 하루에 5, 60만원 버는 것도 그리 어렵지 않으니까. 시급 8,000원을 받기 위해 밤을 새며 일하는 사람들이 넘쳐나는 요즘 같은 세상에 이런 벌이가 있다는 게 놀라울 정도다. 그래서 이제 첫 사랑을 시작해야 할 스무 살의 여대생이 입 냄새를 참으며 키스를 하고, 세 살짜리 아이를 집에 남겨두고 온 서른 살의 애 엄마가 자신보다 나이가 두 배는 더 많은 노인의 음흉한 시선을 온몸에 아로새기는 거겠지.

그런 게 힘들다면 그만 두면 되지 않냐고? 그만큼 많은 돈을 하룻밤에 벌어들이니 그 정도 어려움은 약과라고? 다 맞는 말이다. 스스로 정조를 포기한 여자니 그보다 더 혹독한 시련을 겪는데 해도 자업자득이지 않냐고? 그조차도 맞다. 나를 포함해 키스방에서 일하는 여자들이라면 다 공감하는 말이다. 내가 하는 일이 자랑스럽거나 떳떳한 일이 아니기에 서러운 일을 당해도 홀로 견뎌내는 것이다. 혹시 그만 둘 생각은 안 해봤냐고 물을 지도 모르겠다.

하루에도 수차례 그런 생각을 한다. 그러나 이 일을 그만두면 당장 살아갈 길이 막막하다. 핑계 없는 무덤 없듯 이곳에서 일하는 많은 친구들도 저 나름의 급박한 사정이 있다. 집에 누워있는 편찮은 부모의 병원비가 걱정되는 사람도 있고 먼 훗날의 꿈을 위해 학업을 이어가야 하는 아이도 있다. 도망가 버린 무책임한 남편을 탓할 시간도 없이 아이를 키워야만 하는 여자도 있다. 다들 하루하루를 넘기기에 급급한 사람들이다. 궤변처럼 들리겠지만 그녀들에게 이 일은 생명줄이라 해도 그리 틀린 말은 아니다. 그 생명줄을 붙잡기 위해 온갖 힘을 다 쓰고 있는 여자들을 비난하기엔 그녀들의 몸짓이 너무도 안타깝다. 누군가에게는 딸이고 또 누군가에겐 누나이고 엄마인 그녀들. 당신의 딸이, 누나가, 엄마가 이곳에서 살아간다. 그녀들의 키스는 그만큼 절박한 몸부림이란 걸 알아주길.

하루 이틀 일하고 마는 매니저들

지잡대. 내가 나온 학교는 이렇게 불린다. 그런 비아냥거림이 마냥 반갑지는 않지만 애초부터 노력을 하지 않은 내 탓이니 그렇게 불러도 할 말은 없다. 요즘 같은 취업대란 시대에 지잡대 출신이 제대로 된 일자리를 구할 리는 만무했다. 누구처럼 물려받은 재산이 많다면 그조차도 아무 흠이 안 되겠지만 불행히도 우리 집은 그렇지 못했다. 무슨 일이라도 해야 했다. 그러나 사회는 내게 미소를 보여주지 않았다. 기껏 구한 직장에선 전공과는 상관없는 일을 하기 일쑤였고 그 일조차 경력 쌓기와는 무관한 것이었다. 그런 일을 했으니 돈을 많이 줄 리도 없었을 터. 쥐꼬리를 반으로 자른 액수의 월급은 월세에 핸드폰비, 밥값을 처리하고 나면 남는 게 없었다. 아무런 희망이 없는 하루하루를 보내는 일이 지옥 같았다.

　돈을 벌고 싶었다. 나도 친구들을 만나는 자리에서 폼 나게 계산하겠다며 허세를 부리고 싶었다. 돈이 되는 일은 뭘까? 다행인지 불행인지 난 여자였고 여자에게만 허락되는 그런 일들이 있었다. 그게 떳떳한 일은 아니었지만 그런 걸 따질 계제가 아니었다. 그런 일자리를 찾는 건 너무도 쉬웠다. 단 몇 번의 검색, 인터넷의 바다는 그를 가능하게 해주었다.

시급 4만원, 가족 같은 분위기, 화이트칼라 오빠들과 간단한 차 한 잔, 탈의 없고 술 안 마셔도 되며, 현금으로 당일 지급, 세금 없음. 누구라도 혹할 수밖에 없는 문장이었다. 조금만 이성적이었다면 그 덫에 걸리지 않았겠지만 당시 상황에선 그런 걸 가릴 처지가 아니었다. 무식이 죄라던가. 마치 마법에 걸린 듯 전화를 하고야 말았다. 이보다 더 상냥할 수 없는 목소리가 나를 반겨주었고 그 목소리는 나를 안심시키기에 충분한 것이었다. 나이는 몇 살인지 키는 어떤지 등등 외모에 관련된 질문을 던져왔고 난 얌전한 초딩처럼 성실하게 대답을 했다. 그걸로는 모자랐을까? 그는 직접 만나 이야기하자고 했다. 약간은 무섭긴 했지만 그렇게 상냥한 사람이니 직접 만나도 괜찮을 거라 애써 위안 삼았다. 그 사람이 그랬다. 맘에 안 들면 안 해도 상관없다고. 그냥 차 한 잔 마신다고 생각하라고 그러더라.

그가 알려준 주소를 찾아갔다. 생각보다 찾기 쉬운 곳에 위치한 그곳은 샛노란 조명 탓에 셀카 찍기 좋은 곳처럼 여겨졌다. 그 사람의 인상은 목소리만큼 괜찮았다. 스캔하듯 내 온몸을 훑어가는 그의 시선이 조금은 걸렸지만 어차피 외모가 중요한 일이라는 그의 말에 경계심을 누그러뜨릴 수밖에 없었다. 무엇보다 그놈의 돈이 문제였다. 많은 돈을 벌 수 있다는 말 한마디, 결국 나는 일을 시작하기로 했다. 지금의 나였다면 절대로 하지 않았을 일, 그러나 그때의 나라면 몇 번을 되돌아간다 해도 했을 것이 분명했다.

나중에 안 일이지만 여기서 일하는 많은 친구들이 나와 비슷한 과정을 밟는다. 매너 좋은 오빠들과 한 시간 남짓 이야기를 하고 중간 중간 키스를 하는 것이 전부라는데 그 정도면 못할 일도 아니라는 생각이 드는 까닭이다. 그것만 하면 또래 여자들에 비해 훨씬 많은 액수의 돈을 벌 수 있다는데 못할 게 뭐람. 막상 일을 하고 나면 알게 된다. 그 사람, 가게의 사장인 그의 말엔 생략된 부분이 훨씬 많다는 사실을. 대화와 키스는 그저 양념에 불과하다. 메인 메뉴는 그보다 훨씬 힘들고 끈적끈적한 것이란 것만 이야기해줬다면 아마 거기서 포기하지 않았을까. 물론 모두가 다 나처럼 모르고 오는 건 아니다.

그중에는 처음부터 무슨 일을 하게 되리란 걸 알고 오는 친구들도 있다. 그곳에서 일하는 친구의 소개로 온 아이들이 그렇다. 그러나 상당수는 나와 같은 경로를 통해 이곳에서 일하게 될 것이 분명하다. 그런 친구를 위해 덧붙이자면 이런 구인 광고 뒤에 K가 붙으면 키스방이고 L이 붙으면 립카페란 것 정도는 알아두기 바란다. 그리고 달콤한 사탕발림에 넣을

빼앗기지 말고 좀 더 꼼꼼하게 알아보라고도 말하고 싶다. IT 강국 대한민국에 사는 당신이라면 약간의 검색만으로도 키스방에서 벌어지는 일들의 민낯을 어렵지 않게 밝혀낼 수 있기 때문이다. 그때 그걸 알았더라면? 아마 지금의 나는 전혀 다른 삶을 살고 있겠지. 그렇게 나는 이곳에 발을 담그고 말았다. 그리고 그 발은 지금 보기 흉하게 일그러져 버렸다.

Q : 이곳은 보통 어떻게 알게 되어서 면접을 보니?

A : 인터넷으로 검색하는 경우가 대부분일 거예요. 함께 일하는 친구들도 그랬다고 들었으니까요. 친구 소개로 오는 몇몇을 제외한다면 대충은 저처럼 이런 과정을 거치게 되는 것 같아요.

Q : 구글이나 네이버 같은?

A : 생각보다 네이버나 다음은 이런 정보를 필터링하는 경우가 많아요. 다른 나라 사람들이 보면 우리나라는 음란 정보를 찾기 힘들다고 생각할 정도로요. 반면에 구글은 거의 상관이 없어요. 인터넷 검색에 익숙한 친구라면 저희 포털을 통해서도 가능하겠지만 그래봐야 결국은 구글이 제시하는 정보를 접하게 된다고 봐도 무방할 거예요. 유흥

관련 알바 사이트들이 대부분 구글을 경유하게 되어있는 이유예요. 구글은 왜 그런 걸 차단하지 않는 건지 모르겠어요.

Q : 주로 어떤 검색어를 사용하니?

A : 처음엔 알바 같은 식으로 검색하다 나중엔 여성 알바 내지는 여성 고소득 알바 같은 검색어를 이용했어요. 그런 식으로 검색하면 연관 검색어들이 걸리는데, 계속 꼬리에 꼬리를 물고 검색하다 보면 나중엔 결국 유흥 관련 알바를 찾는 사이트들을 접하게 되는 거죠. 그리고 유흥 관련 사이트들은 하나 같이 돈을 많이 벌 수 있다고 유혹하는데요. 거기에 혹해서 미끼를 물게 되는 거 같아요. 저 역시 그랬고요.

Q : 잡코리아 등 취업 사이트에도 올라가지 않나? 보통 바 알바 이런 식으로?

A : 그런 데는 없어요. 앞서도 말했지만 키스방이나 립카페 같은 특정 직업군(?)은 결국 유흥 전용 알바 사이트를 통해야 하거든요. 키스방도 키스방이라고 직접적으로 적어놓지 않는 경우가 많아요. 키스방 대신 대화형 카페라는 식으로 소개 글을 많이 올려놓는 편이에요. 광고 내용은 아까 말했죠. 매너 좋은 오빠들이랑 삼십분 내지는 한 시간정도 차를 마시면서 이야기 하면 된다는 식이죠. 그렇게만 하면 4만원을 번다니 혹하지 않을 수 없죠.

Q : 다른 경로로 키스방 알바를 알게 되는 경우도 있나?

A : 친구 따라 강남 가는 케이스가 그래요. 이런 곳에서

일하는 친구의 소개로 오는 거죠. 대학생들이 그런 경우가 종종 있는 것 같아요. 어린 시절 엄마가 내 아이는 괜찮은데 친구를 잘 못 만나서 나쁜 길로 빠졌다는 말이 바로 이 케이스 같아요. 잘 이해가 안 가요. 왜 친구를 이런 세계로 인도하는 건지. 아무튼 저도 이런 케이스를 본 적이 있어요. 기존에 일하던 애가, 자기 친구를 꼬셔서 가게로 와보라고 하고. 그러면 사장님이 나와서 면접 보고 그런 장면을 본 적이 있어요.

Q : 면접도 봐?

A : 당연하죠. 이 직입은 외모가 무엇보다 중요하잖아요. 그리고 사람을 대하는 방식 같은 것도 알아야 하니 면접은 필수죠. 그래도 가장 중요한 건 외모예요. 외모가 뛰어나면 좀 싸가지 없어도 장사는 되니까요. 구인글을 보고 전

화를 한 친구들을 가게로 오라 그러는 이유도 결국은 외모를 보기 위한 거예요.

Q : 그런 친구들은 키스방인걸 알고 전화를 한 거니?

A : 아는 사람도 있고 모르는 사람도 있죠. 비율로 보면 반반 정도이지 싶어요. 그도 그럴 것이 구인 광고에는 키스방이라는 표기를 잘 안 하거든요. 대화형 카페 같은 식으로 포장을 하고 사람을 현혹하는 식이에요. 그래도 어느 정도 힌트는 줘요. 제목 부분이나 글 중간 중간에 K라는 식으로 표기하기도 하니까요. 눈치 빠른 애들은 그런 걸 보고 조금 더 알아보면 이곳이 키스방이란 걸 알아내기도 하는데 저같이 어리바리한 애들은 전혀 모르죠. 이런 일을 하는 곳이 존재한다는 것조차 모르니 알 도리가 없는 거죠. 약간 이상한 부분은 있어요. '매너 좋은 오빠와 차

마시면서 대화하는 것뿐인데도 한 시간에 4만원을 준다는 게 좀 그렇잖아요. 자기 가게에서는 술도 안 먹고, 옷도 안 벗는다고 말하고 상대도 매너가 좋아서 일하기 너무 편하다고 떠들어대니 나름 세뇌가 되는 거죠. 근데 있죠. 이 모든 건 새빨간 거짓말이에요.

그래도 돈이 급하니 전화를 하게 되는 거죠. 그렇게 전화를 하면 이것저것 물어봐요. 키나 몸무게 가슴 사이즈 같은 신체 조건들. 그리고 나면 유흥 쪽에서 일한 적이 있는지도 물어보고요. 어느 정도 긍정적인 대답을 듣고 나면 면접비랑 교통비 드릴 테니 가게로 한 번 와보라고 그래요. 특별한 일이 없으면 당장이라도 일할 수 있고 일을 시작하면 바로 손에 현찰이 생긴다고 하니 거부하기가 쉽지 않은 거죠. 그렇게 뭔가에 홀린 듯이 일을 시작하고 나면 생각한 것과 달라서 놀라게 돼요. 특히 신삥이라면 온갖 날파리들이 다 꼬이거든요. 제가 그랬어요. 정말 싫어요.

Q : 아무것도 모르고 들어와서 '이거 못하겠어요.' 하는 친구들도 있지 않나?

A : 절반 이상은 그러지 않을까요. 처음 이야기 들을 땐 일하는 게 정말 쉽다고 그랬는데 막상 해보면 그게 아니니까요. 키스만 하고 잘 웃기만 해도 되는 일이라고 그랬는데 들도 보도 못한 진상 아저씨들이 억지로 옷 벗기고 가슴 만지고 그러는데 당황하지 않을 수 없잖아요. 그것뿐이면 그나마 괜찮죠. 말을 안 해서 그렇지 단 둘만 있는 방에서 강간을 하려는 사람도 심심찮게 만나게 되는데 그런 걸 참기는 쉽지 않잖아요. 첫 방 들어가고 나서 바로 퇴근 해버리는 친구들도 왕왕 있어요. 그 퇴근이 마지막 퇴근이 되는 거죠. 처음이자 마지막인 키스방 알바랄까요.

Q : 보통 처음 오는 친구들은 어느 정도 버텨?

A : 그리 길지 않은 친구들도 많아요. 잘 해봐야 3일 혹은 일주일? 그 시간을 버티는 친구들은 쉽게 그만 두지 않는 것 같아요. 근데 그걸 못 버티고 그만 두는 친구들이 많아 요. 생각과는 너무 달라서겠죠. 비율로 따지면 50% 정도 되는 것 같아요.

Q : 알면서도 3일을 넘게 버티는 아이들의 공통점이 있을까? 의지가 강하다던가, 돈을 진짜로 필요로 한다든가.

A : 공통점이라? 아무래도 그만큼 상황이 절박해서겠죠. 돈을 벌지 않으면 안 되는 저마다의 사정이 있으니까요. 이 일이 올바른 건 아니잖아요. 쉽게 말하면 합법과 불법 의 경계선에 놓인 일이니까요. 그럼에도 불구하고 이 일을 해야만 하는 사정인 거죠. 좋게 본다면 자신에게 놓인 상 황을 타개하려는 의지를 가진 친구들은 대체로 버티는 것

같아요.

Q : 나름 일도 오래 하고, 선배 격이니까, 버텨보라고 동생들한테 말을 하기도 하니?

A : 제가 뭐라고? 그래도 겪은 게 있으니 맘이 가는 애들에게는 이야기 하긴 해요. 특히 어린 친구들에게 그러는 경향이 있는데요. 괜히 제가 언니가 된 것 같아서 그런 모양이에요. 사실 이 일이 힘들기는 해요. 그래도 잘 참고 버티면 언젠가는 자신의 꿈을 펼칠 기회를 잡을 수 있을 거라고 말하긴 해요. 사실은 그게 그 아이들한테 하는 말이기도 하지만 저한테 하는 말이기도 하거든요. 냉정하게 보면 어차피 이 일을 하는 게 돈 벌려고 하는 거잖아요. 싫은 거 조금만 감수하면 또래 친구들보다 훨씬 많은 돈을 벌게 될 텐데 그걸 못 참고 금세 뛰쳐나가는 아이들을 보면 안

쓰러워요.

Q : 그런데 못하겠다는 이유가 나름대로 있긴 하잖아.

A : 당연하죠. 아무 이유 없이 못하겠다고 그럴 리는 없으니까요. 근데 그 이유라는 게 제 입장에서는 쉬이 받아들이기가 힘든 것들이 많아요. 가령 이런 거예요. 요즘 소액대출 같은 것들 있잖아요. 50에서 백 정도 빌리는 거. 근데 그게 이자가 엄청 나서 생각보다 쉽게 상환이 안 되니 급한 마음에 이 일을 해서 갚으려는 아이들이 있어요. 사실 그게 푼돈이라면 푼돈이잖아요. 100만원이 넘는 돈이 큰돈인 것은 맞지만, 여기선 며칠만 바짝 일을 하면 3~4일이면 갚을 수도 있는 돈이니까요. 그걸 갚았다고 대책 없이 그만 두겠다는 거죠. 그런 식으로 나가면 오래지 않아 다시 그 과정을 되풀이하거든요. 그럴 바에야 여기서

좀 더 일해서 돈을 모으면 그런 악순환을 반복하지 않아도 되잖아요.

맞아요. 여기를 관두는 건 나쁜 게 아니죠. 근데 그랬으면 다시 오지 않아도 될 정도는 만들어놓아야 한다고 생각해요. 가끔 애들, 특히 어린 친구들에게는 이렇게 말해요. 다시 이 일을 하지 않겠다면 여기서 적당히 벌고 나서 그만두라고. 그게 아니고 또 돈이 필요하면 들어오지 뭐 하는 식의 마음가짐이라면 아예 그만 두지 말라는 거죠.

Q : 그들에게는 자존감이 더 중요한 게 아닐까?

A : 자존감이라는 게 있는 친구였다면 여길 오지도 않았을 것 같은데요. 이 일을 한다고 해서 자존감이 없다는 건 너무 지나친 억측이겠지만 자존감이 있다면 설령 이 일을 한다고 해도 나름의 규칙이 있어야 한다고 생각해요. 이

일이란 게, 아니 유흥쪽 일이라는 게 어차피 진상들을 피할 수 없는 숙명 앞에 놓이게 돼요. 언제나 좋은 손님을 만나서 웃으며 할 수 없는 일이거든요. 그런데 조금 진상을 만났다고 해서 피하듯 회피해버리면 밖에 나가서 다른 일을 하더라도 똑같을 거예요. 그렇게 뛰쳐나갔다가 돈이 떨어지면 또 들어오고, 또 진상 만나면 그만 두고.. 정말 자존감이란 게 있다면 그런 걸 감수하는 게 맞지 않나요.

경험하다

첫 손님, 그리고 한 달 후

결혼한 언니들이 그런 말을 하더라. 남자는 크나 적으나 똑같다고. 원하는 게 있으면 떼를 써서라도 얻어야 하고 그렇지 않으면 될 때까지 징징대는 존재라는 의미였다. 솔직히 그 말이 잘 와 닿지 않았다. 설마 그럴까 했던 거다. 근데 여기에 와서 일을 하면서부터 그 말을 무슨 뜻인지 조금씩 깨닫게 되었다. 안 그런 남자도 간혹 있긴 했지만 많은 남자들이 그랬다. 이곳에도 나름의 룰이 있는데 자신들이 원하는 것을 얻기 위해 그 룰을 무시하는 남자들을 보며 느낀 사실이다. 정말 징징댄다는 표현이 딱인 남자들이 많다. 몇몇의 사례를 너무 일반화시키는 거 아니냐 반문할 수도 있는데, 몇몇이 아니라 몇 백, 몇 천의 남자를 겪고 나서 하는 말이니 일반화의 오류라고 생각하진 말기 바란다.

이곳에 있으면 정말로 많은 남자를 만나게 된다. 하루에 적게는 5~6명에서 많게는 20명까지 만나봤다. 평균적으로 10명의 남자를 만난다고 볼 때, 1년이면 3,000명 이상의 남자를 만나게 된다. 맙소사. 3,000명과의 키스라니. 아무리 많은 남자를 만나는 바람둥이 여자라 해도 이런 케이스는 불가능할 것이다. 바람둥이라 해도 불가능한 일인데 나처럼 일반적인 여자라면 더 말 할 필요도 없겠지. 지금까지 키스를 해 본 남자라고 해봐야 기껏 대여섯이 전부인 나로선 상상하기조차 힘든 일이었다. 그래도 어느 정도 각오는 했지만 그 각오는 참으로 미약한 것이었다. 생면부지의 남자를 만나 은밀한 시간을 보내는 일은 각오보다 훨씬 가혹했으니까. 남자란 동물은 내 생각보다 훨씬 까다로운 동물이었다. 그렇게 많은 남자들을 만나고 나니 이런 생각이 들었다.

나를 귀찮게 하는 그들이긴 했지만 한편으론 불쌍하기도 했고 또 다르게 보면 재미나기도 하다는 것이었다. 이곳을 찾는 남자의 상당수가 유부남인데 그들의 말을 듣다보면 그들이 무엇을 원하는 지 조금은 이해하게 된다는 것이다. 와이프와는 할 수 없는 무언가를 꿈꾸는 그들은 30분 내지는 한 시간이라는 짧은 시간 동안 자신을 전폭적으로 지지해주기를 바란다는 것이었다. 그게 몸이든 마음이든 말이다. 물론 대부분은 몸으로의 지지를 원하긴 하지만 말이다.

그게 바람직하다고 생각하지는 않는다. 결혼반지를 낀 채로 이곳에 오는 남자들은 나를 물고 빨다가도 와이프 전화가 오면 십중팔구는 조용히 하라는 신호를 보내고는 갖은 거짓말을 풀어놓는다. 유부남만 그런 건 아니다. 애인 있는 총각들 역시 크게 다를 바 없는 행태를 보이니까. 그러면서 내 연락처 알려달라는 심보는 뭔지. 나와 이렇게 열정적으로 물고 빠는 시간에 차라리 와이프나 여친과 시간을 보내는 게 더 낫지 않을까. 그들의 사생활을 보진 못했으니 장담할 순 없지만 아마 자신들의 여자에겐 이러지 않을 거란 건 확신에 가깝다고 생각한다. 여기서 일하면 일할수록 남자들이 믿기 힘든 동물이란 생각을 갖게 되는 이유가 바로 여기에 있다. 나중에 결혼이란 걸 하게 되면 내 남편이란 작자를 감시해야 할 필요가 있다고 느낀다면 그건 온전히 이곳에서 겪고 보아온 것들 때문일 것이다.

그래도 어느 면에서는 참 불쌍하다고 생각하기도 하는데, 거기에는 그럴만한 이유가 있다. 알겠지만 이 땅의 남자들은 참 많은 억압 속에 사는 게 사실이다. 집에 가면 돈 못 번다고 바가지를 긁히고 직장에 나오면 일 못 한다고 상사로부터 채근을 받기 일쑤인 게 이 땅의 남자들 아닌가. 그래서 스트레스는 남자들의 평생의 벗이 되는 것이다. 그런 스트레스는 풀어야 한다고 배웠다. 그런데 어디서 풀까? 어떻게 풀까? 운동? 말이 좋아 운동이지, 별 보고 출근해서 달 보고 퇴근하는 게 코스인 사람들이 시간을 내어 운동을 한다는 게 비현실적인 일이다.

취미 생활을 즐기는 것도 방법이라고 주장할 수도 있다. 그런데 취미 생활을 즐기려면 적잖은 돈이 든다. 건강한 취미라는 건 그저 교과서에나 실릴 법한 허무맹랑한 소리에 가까운 것도 문제고. 그나마 할 수 있는 것이 남자의 본능을 해소하는 것일 텐데 이게 또 쉽지 않은 일이다. 와이프는 와이프대로, 여자친구는 여자친구대로 원하는 그 순간의 욕망을 해소시켜 주기 어려운 시절인 까닭이다. 결국 그들이 찾아들 곳은 우리와 같은 사람들이 있는 곳이다. 내 입술과 내 손을 통해 쌓였던 스트레스를 발산할 수밖에 없다는 게 때론 서글프게 느껴지기도 한다. 그런 사람들 중 가장 많은 게 바로 위기의 중년들이다.

그들에겐 모범 답안이 있는 것처럼 보여진다. '와이프랑 하는 섹스가 낯설다거나 하자고 말하기가 꺼려진다거나 혹은 자신들은 섹스리스라거나' 하는 대답이 그것이다. 처음 그 말을 들었을 땐 '비겁한 변명'이라고만 생각됐는데 자꾸 만나다 보니 그게 단지 변명만은 아니란 걸 알게 되었다. 그들에게 부부란 자식을 키우기 위한 동업자 혹은 의리로 뭉쳐 사는 사람들이란 의미가 컸기 때문이다. 그래서 나중엔 그들이 딱하다고 생각되어서 가급적 잘해주려고 노력했다. 하고 싶다고 칭얼대는 것도 요령껏 대처한 것도 그런 이유다.

물론 너무 심한 아저씨들은 가차 없이 대하긴 한다. 키스방에선 키스 플러스알파 정도로 만족하면 되는 것이다. 이곳에서 섹스를 시도하는 몰지각한 남자들은 질색이니까. 여기서 일하면서 남자란 동물의 또 다른 얼굴을 보게 되는 일은 참 경이롭다. 매번 비슷한 말과 행동을 하는 남자는 지겹지만 하나같이 축 늘어진 채 이곳을 찾는 남자들은 애틋하다. 이런 이율배반적 감정은 비단 나만 그런 건 아닐 것이다. 오늘도 키스방 언니들은 그런 남자들과 입술을 부비고 산다.

가장 무서웠던 경험

초보운전 스티커를 달고 나간 경험을 해본 적이 있는가? 그때 주변 운전자들의 반응은 어땠는가? 초보라서 배려해준 사람들도 있겠지만 안 그런 사람들이 훨씬 더 많았다는 게 초보들의 한결 같은 반응일 것이다. 내가 그랬다. 하긴 나 말고도 많은 친구들의 경험이기도 하니 꼭 내가 운이 나빴던 건 아닐지도 모르겠다. 이 바닥에서 처음 일을 하는 친구들을 가리켜 NF라고 부른다. New Face란 단어의 머리글자를 따서 부르는 말인데 이 경우 꽤 인기가 높다. 아무래도 처녀를 좋아하는 남자의 심리를 공략한 듯한데, 사실 좀 웃기기도 하다. 이 바닥 초보라는 게 꼭 순결하다는 의미는 아닐 테니 말이다.

아무튼 NF 마케팅이란 게 있다. 그럴 경우 업소에서도 이를 전략적으로 홍보하고 손님을 유치하는 것. 단골들에게 문자를 돌리고 인터넷 홍보도 병행하고 나면 평소보다 손님이 더 몰린다는 게 이 바닥의 정설이다. 아무래도 닳고 닳은 애들보다는 좀 신선하겠지 하는 기대감이 반영된 것일 텐데, 이 과정은 여러모로 중요한 의미를 지닌다. 일단 가게 입장에서는 많은 매출을 올릴 수 있다는 장점도 있고 평균 일주일 정도로 추정되는 이 시기를 잘 버틸 수 있어야 비로소 가게의 정식 구성원으로 자리매김할 수 있기 때문이다. 아가씨 입장에서도 마찬가지다. 많은 아가씨들이 이 시기를 버티지 못하고 중도 하차하는 경우가 많다. 당연한 일이다. 처음 보는 남자와의 신체 접촉 - 키스, 그리고 *끈끈한 스킨십* - 을 못 견뎌하면 더 이상 이 일을 이어갈 수 없기 때문이다.

나도 이 과정에서 일을 그만 둘까 고민했다. 어디서나 만날 수 있는 진상 때문이었다. 첫 출근날, 내 앞으로 된 예약이 꽉 차 있는 걸 보고 꽤나 무서웠었다. 다행히 첫 번째, 두 번째 손님은 나름 젠틀했다. 그래봐야 내 입장에선 힘든 일이었지만 그래도 이 정도면 할 만하다는 생각을 들게 하기에 부족함이 없는 정도였다. 문제는 그 다음에 일어났다. 키스방에 한 번이라도 다녀온 사람은 알겠지만 우리가 일을 하는 그 공간은 거의 밀실에 가깝다. 안에서 문을 잠그면 밖에서 그 안의 상황을 파악하기 힘든 구조란 것. 바로 그걸 믿고 몹쓸 짓을 하는 남자들이 심심찮게 있다는 걸 몸소 체득한 순간이었다.

40대 중반으로 보이던 그 남자는 처음엔 점잖은 태도를 보여줬다. 말도 부드럽게 해주었고 그 덕에 제법 긴장을 풀 수 있었다. 그러던 그가 20분이 지나자 서서히 정체를 드러내기 시작했다. 실장(키스방을 관리하는 사람. 일종의 지배인 같은 걸로 이해하면 된다)으로부터 대략적인 이야기를 듣긴 했지만 아직 키스방의 시스템을 확실히 모르고 있던 터라 그의 손길을 마냥 뿌리치기 힘들었다. 누구나 다 그런다며 내 가슴에 손을 올린 것까지는 그러려니 했다. 그러나 그 손이 점차 밑으로 내려온 게 문제였다. 지금 같으면 적극적으로 방어를 하거나 좋은 말로 구슬려 회유하겠지만 그때는 너무 몰랐다. 그의 손길이 지네처럼 나를 쓸어내릴 때마다 온몸에 소름이 돋을 지경이었지만 그의 노련한 화술에 속아 그대로 방치할 수밖에 없었다.

그러나 팬티 속으로 파고드는 것만은 참을 수 없었다. 아무리 돈을 벌고 싶은 나였지만 그것까지 용인할 수는 없었던 모양이다. 그의 손을 잡아 제지해보려 했지만 그게 쉬운 건 아니었다. 나도 모르게 눈물이 났다. 훌쩍이는 소리를 들은 그가 거기서 멈춰준 것이 용할 정도였다. 더 심한 진상이었다면 내 눈물 따위에 멈추지는 않았을 것이다. 지금까지 일 해오면서 그런 진상도 겪어보았기에 하는 말이다. 아무튼 내 눈물과 함께 그 방에서의 사건은 마무리되었다. 그가 남긴 팁 만원과 함께. 그때 그가 멈추지 않고 내 몸속으로 손가락을 밀어 넣었다면 아마 지금의 나는 이곳에 없지 않았을까.

이곳에 와서 일하면서 알게 된 사실이 하나 있다. 평소에는 착한 사람도 특정 상황 하에서는 전혀 다른 인격체로 변할 수 있다는 일이 그것이다. 지킬 박사와 하이드가 그저 소설 속의 일만은 아니란 거다. 특히 가장 두려운 일이 원치 않는 섹스를 강요하는 것이다. 나뿐만 아니라 많은 아가씨들이 동의하는 부분인데, 처음엔 그게 이해가 안 됐다. 극소수의 업장을 제외한다면 대부분의 키스방은 층간소음, 아닌 벽간 소음에 아주 취약한 구조를 지니고 있다. 마음만 먹는다면 바로 옆방에서 지금 무슨 일을 하는지 알아차릴 수도 있다는 말이다. 그런 곳에서 억지로 섹스를 시도할까 싶었다. 그런데 한번 눈이 돌아가면 그런 것쯤은 개의치 않는 동물들이 있더라.

그날은 새벽까지 손님이 이어져 꽤나 피곤했던 날이었다. 적당히 불콰해진 얼굴을 지닌 남자 하나가 왔다. 솔직히 술 먹고 오는 사람들을 선호하지는 않는다. 아무리 이를 닦아도 술 냄새, 곱창 냄새, 삼겹살 냄새 등등이 몸에 배어 있는 까닭이다. 게다가 술이란 게 사람을 충동적으로 만드는 고약한 습성을 지닌 매개체라 더욱 그렇다. 처음엔 이야기도 통하는 듯했고 키스도 적잖이 부드러워 어느 순간 마음을 놓았던 모양이다. 키스를 하던 그의 손이 가슴을 만지는 것까지는 정해진 수순이니 그런가 했다. 그런데 갑자기 그 손길에서 느껴지는 힘이 심상치 않았다. 여자의 가슴이란 게 꽤나 연약한 부분이라 꽉 누르면 정말 아픈데 말이다. 문제는 그게 아래로 내려와 팬티를 끌어내리기까지 했다는 점이다. 한껏 저항해 보았지만 술 취한 남자의 완력 앞에서 그게 무슨 소용이 있겠는가. 팬티가 벗겨지자 그가 자신의 허리띠를 서둘러 풀고 내게로 돌진해왔다. 그게 무엇을 할 거란 의미인지는 누구나 다 안다. 여자가 원치 않는데 억지로 섹스를 시도하는 행위, 바로 강간이다.

가끔 그런 일이 벌어진다고 하는데 그래도 강간으로 처벌받기는 쉽지 않다고 한다. 그게 왜 강간죄가 아닌지, 이런 곳에서 일하는 여자는 여자도 아닌 건가. 아무튼 그 상황에서 내가 할 수 있는 건 가장 크게 목청을 울리는 일밖에 없었다. 타고난 내 목청 덕택에 난 강간 직전에서 구출될 수 있었다. 마음 같아서는 당장 그 자식을 신고하고 싶었지만 실장은 그 이후의 일들을 염려한 끝에 나를 달랬고 결국 그 사람을 쫓아내는 선에서 일은 마무리 되었다. 그 사람이 블랙-출입정지를 뜻하는 이 바닥 은어다- 명단에 오른 건 당연한 일. 지금은 이렇게 말할 수 있지만 그 순간은 정말 무서웠다. 망할 자식, 다시 한 번 후회된다. 왜 그 인간을 강간죄로 신고하지 못했는지.

싫은 일들이 너무 많다

키스방은 크게 2부 장사를 한다. 대낮 12시부터 오후 6시까지의 낮장사가 있고, 잠깐의 저녁 시간을 가진 후(일반적인 회사원들의 퇴근 및 저녁 시간이므로, 6-7 사이에는 손님이 그리 많지 않다.) 7시부터 새벽 마감(보통 2-3시)까지의 2부 장사가 있다. 각 타임마다 손님들의 특성이 있는 편인데, 얼마나 순한가를 기준으로 해보자면 아무래도 낮 장사가 일하기가 수월하다. 밤손님들은 취객인 경우가 다소 있어서 상대하기 힘든 경우가 있는 반면, 낮에는 적어도 술 마신 사람은 없으므로 훨씬 상대하기가 편하다.

게다가 낮에 오는 사람들은 대부분 근처 상점의 사장님들이거나 외근/출장 나와 땡땡이를 치는 열정적인 회사원들이다. 전자의 경우 팁이 후한 편이고, 후자의 경우 정해진 시간을 채우지 않고 일찌감치 떠나는 편이라, 상대적으로 밤보다는 한낮이 '쉽게' 돈을 벌 수 있는 시간이다. 물론, 진상 손님(이하 진상)은 때릴 가리지 않고 찾아오지만 그래도 밤보다는 낮이 낫다.

나처럼 주간/야간을 모두 일하는 매니저들은 낮에는 가볍게 몸을 풀고(?), 저녁 시간을 준비 한다. 가벼운 식사, 일상적으로 오고가는 대화, 각자의 할 일을 하며 낮일을 보내고 있던 평범한 오후였다. 대기실에서 멍 때리고 있었는데, 저 멀리 로비에서부터 매우 시끄러운 목소리가 들렸다. 무슨 영문인지 몰라서 귀를 쫑긋 세우고 있는데 다른 아가씨들은 무슨 일인지 안다는 듯 인상을 찌푸렸다. 알고 보니 이 가게에선 꽤나 유명한 진상의 출현이었던 것. 그 진상의 특징을 매니저들을 돌아가며 고른다는 것이었다. 그게 무슨 문제가 되냐 싶겠지만 그 사람을 한번이라도 만나본 매니저라면 치를 떤다는 사실을 알고 나면 이해가 갈 것이다.

　나는 그 사람을 겪어본 적이 없었으니 가타부타 말하기는 그랬다. 그래도 다른 매니저들이 고개를 절레절레 흔드는 걸 보면 심한 진상인가 보다는 했다. 아뿔싸, 그 시간에 그 진상을 한 번이라도 만나지 않은 매니저는 나뿐이었다. 실장이 나를 불렀을 때 거절했어야 옳았다. 실장의 간곡한 부탁도 걸렸고 무엇보다 어떤 사람인지 궁금하기도 했다. 그놈의 궁금증이 항상 화를 부르는 법이란 걸 왜 몰랐을까. 콩닥거리는 심장을 부여잡은 채 방으로 들어섰다.

　내가 관상을 볼 줄은 모르지만 그리 좋은 인상이 아니란 것만은 확실했다. 보통 매니저들이 들어오면 손님들은 미소를 짓거나 혹은 환영의 인사 정도를 해주기 일쑤다. 그러면 조금 마음이 놓이는데 이 손님은 전혀 달랐다. 뭐가 그리 못 마땅한지 내가 들어온 걸 보고도 찌푸린 얼굴을 하고 있었으며 인사 따위도 건네지 않았다. 그때 알았다. 이 방에서의 1시간이 녹록치 않을 거란 사실을. 종교도 믿지 않는 내가 제발 조금만 힘들게 끝났으면 좋겠다는 기도를 할 정도로 그의 태도는 냉랭한 것이었다. 웃는 얼굴엔 침 못 뱉겠거니 생각하며 애써 웃으며 인사를 했다. 받는 둥 마는 둥 한 그가 내가 한 행동은 정말이지 두 번 다시 떠올리고 싶지 않은 것이었다.

아는 사람은 알겠지만 키스방의 '수위'라는 것은 유흥 업계를 통틀어 가장 소프트한 편인데(옷을 입은 상태에서의 터치 또는 가슴, 허벅지, 엉덩이 정도의 터치) 가끔씩은 무리한 요구를 하는 사람들이 있다. 적당히 이 일을 하다 보니 나 역시 그런 경우를 수차례 경험한 바 있다. 그들이 자신의 뜻을 관철시키기 위해 택하는 방법은 크게 보면 두 가지다. 주로 돈을 더 준다거나 애교 같지도 않은 애교 혹은 회유를 하는 경우가 많은데 그 정도면 양반이다. 이 사람은 이런 과정을 밟을 생각이 없는 듯 했다. 그러니 다른 매니저들이 치를 떤 거겠지. 그가 한 건 자신의 팬티를 내리며 초라한 물건을 들이미는 것이었다. 종종 보아온 것이니 그리 놀랄 일은 아니었다. 문제는 그걸 내 입으로 핥아달라는 것이었다. 이른바 오럴 섹스를 요구한 것.

그런데 이건 우리 가게의 정책, 더 나아가서는 키스방에서 이뤄지는 일반적인 루틴을 넘어선 행위다. 요즘 차별화의 기치를 내걸고 이런 걸 해주는 키스방도 드문드문 있는 모양인데 적어도 우리 가게는 아니었다. 그 사람도 당연히 알고 있었을 것이다. 한두 번 온 게 아니니까. 그럼에도 불구하고 무작정 물건을 들이미는 그가 너무도 짜증스러웠다. 속에서 천불이 난다는 말이 무슨 뜻인지 직접 알게 되는 순간이었다. 마음 같아선 그 조그만 물건을 걷어차 주고 싶을 정도였다. 물건 같지도 않은 걸 들이밀고 난리야.

물론 그건 마음뿐이었다. 어쨌든 우리는 지켜야 할 수칙이 있었기 때문이다. 아무리 진상이라 해도 일단은 달래고 얼러야 한다. 나중에 블랙을 걸더라도 일단은 평화적인 해결 방법을 시도하는 것이다. 몇 번이고 그의 강요를 웃으며 뿌리쳤다. 다음에 친해지면 가능할 수도 있을 거라는 뉘앙스도 남겨주었다. 그래도 한사코 강요하는 그 새끼. 새끼란 말을 써서 미안한데 이 정도면 인간으로서의 대접을 받을 자격조차 없으니 그래도 싸다. 한술 더 떠 억지로 내 목을 끌어대는 그. 내 선에서는 도저히 해결이 날 문제가 아니었다.

실장을 호출하려는데 그가 그제야 꼬리를 내린다. 진작 이랬으면 얼굴을 붉히지 않아도 되지 않았을 텐데. 사람들은, 특히 멍청한 사람들은 꼭 눈앞에 위협을 느껴야만 이러는 건지. 그와의 한 시간은 끔찍했다. 마음이 상했으니 즐거울 리는 만무할 터. 10시간처럼 느껴지는 한 시간을 보내고 나니 진이 빠질 지경이었다. 대기실에 있던 다른 매니저의 위로가 그나마 힘이 되었달까. 그러나 그 날 이후 그 진상은 블랙 조치되었다. 두 번 다시 만날 일이 없다는 게 그나마 다행이었다.

키스방 일을 하면서 가장 곤혹스러웠던 것 중 하나가 침 냄새였다. 그것도 처음 보는 남자의 침 냄새라면 좋아할 여자가 있을까. 굳이 결벽증이 없는 사람이라 해도 유쾌한 일이 아님은 분명하다. 키스방에 다녀본 사람이라면 알겠지만 이곳엔 별도의 샤워장 같은 게 없다. 고작해야 이를 닦을 수 있는 조그만 공간이 있을 뿐이니까. 그도 그럴 것이 굳이 샤워를 해야 할 일(?)이 벌어지지 않으니 그를 만들 필요가 없는 것이다. 간혹 몇 마디 말과 키스를 통해 욕정에 빠진 남자들이 스스로를 위로하는 경우가 있긴 하지만 그조차도 휴지 몇 장이면 처리될 문제니 샤워는 필요가 없지 않은가.

가끔은 그 과정에서 본의 아니게 내 몸에 흔적을 남기는 사람들이 있긴 하다. 건강한 건지 혹은 너무 많이 굶어서 그런 건지 모르겠는데 자위를 하다가 너무 많이, 너무 멀리 자신의 흔적을 남기는 경우가 그렇다. 생각보다 훨씬 먼 거리를 비행한 남자의 정액이 내 옷이나 혹은 몸 때로는 얼굴로 튀는 경우다. 의도적으로 한 일은 아니니 화를 낼 건 아니지만 그게 유쾌할 리는 없다. 그럴 때 가벼운 사과 한 마디면 나도 웃으며 그의 놀라운 정력을 칭찬해 줄 텐데 간혹 그게 뭐 대수냐며 오히려 적반하장식의 반응을 보이는 사람도 있다. 그럴 때면 정말 짜증이 난다. 좀 가려서 하면 안 되니?

그러나 이는 아주 특이한 케이스니 논외로 하자. 가장 싫은 건 역시 입 냄새나 침 냄새다. 이 닦으라고 칫솔과 치약을 놔뒀으면 닦아야 하는 것 아닌가. 그게 자신과 키스를 할 여자를 위한 최소한의 에티켓이기도 하니까. 그런데 방금 삼겹살에 마늘을 쌈 싸먹고 오신 주제에 이 과정을 생략하는 이유는 뭔지 모르겠다. 나 역시 삼겹살과 마늘을 좋아한다. 그러나 그걸 남의 입을 통해서 맛보는 건 정말이지 싫다. 정 그걸 맛보게 하고 싶다면 같이 먹으러 가자고 말하는 게 좋지 않을까. 물론 그 부탁을 들어줄 생각은 없지만 말이다.

이 일이 사회의 미풍양속에 반하는 일인 건 확실하다. 때론 경찰의 방문을 받는 걸 보면 분명히 그런 모양이니까. 그런 일이야 일상다반사니 그러려니 한다. 얼마든지 감수할 수 있다는 뜻이다. 정작 감수하기 힘든 건 이 일을 바라보는 시선들이다. 좋게 봐줄 수 없다는 건 안다. 이 일을 하는 나조차도 때론 이게 맞나 싶어질 때가 있으니 그럴 수밖에 없지 않은가. 나름 정당화 과정을 스스로에게 강요하기는 하지만 수시로 나를 힘들게 하는 일이 벌어지는 것만은 분명하다. 가장 힘든 건 역시나 '멸시'의 시선을 받는 일인데, 이 부분은 상당히 기분이 더럽다.

　정당하게 돈 벌 생각은 안 하고 몸이나 팔며 돈을 버는 여자라는 식으로 나를 대하는 사람들을 보면 그것만큼 우울한 일이 없다. 내가 잘했다는 건 아니다. 그러나 어떤 일이든 그 일이 발생하게 된 데는 나름의 이유가 있게 마련. 역지사지라지 않던가. 다른 사람의 입장이 되어보지도 않고서 그 사람을 비방하는 것이 올바른 행동은 아닐 거라 믿는다. 대부분의 사람들은 그러지 않는다. 연못을 흐리는 건 언제나 일부의 미꾸라지들인 법. 간혹 나를 찾아온 손님 중 한 둘이 그런 식으로 행동할 때가 있다. 밑도 끝도 없이 대뜸 무시의 말을 뱉는 것이다. 원래 직업이 뭐냐는 질문부터 왜 이런 일을 하냐는 둥, 지금 내가 하고 있는 일이 참 더러운 일이란 걸 은연중에 알려주려는 듯 행동하는 사람들. 그럴 때면 속에서 천불이 난다. 나도 안다. 내가 하는 일이 그리 바람직하지 않다는 걸.

그렇다고 굳이 이런 식으로 이야기할 필요는 없는 거 아닌가. '이런 일(?)을 하는 젊은 여자'를 향한 무시의 말들. 그리고 그 기저에 깔린 남성 우월주의적 태도. 서비스를 받으러 왔음에도 대놓고 무시하는 이중 잣대. 서비스의 수혜자가 곧 슈퍼 갑질로 이어지는 어마무시한 클래스의 사람들을 대면할 때면 숨이 턱 막히고 오직 하나의 질문만이 떠오른다. '너는 네가 무시하는 여자랑 놀아서 좋니?' '그런 여자랑 키스를 하고 그런 여자 앞에서 자위를 하는 너는 얼마나 잘 난 거냐고?'

별의별 손님 유형

진상도 나름의 컨셉이 있다. 막무가내로 손을 놀리는 손 진상도 있고 냄새를 풍기는 향기 진상도 있다. 그러나 그중 가장 우리들 마음을 아프게 하는 진상은 말 진상이란 게 대체적인 의견이다. 말 한마디로 천 냥 빚을 갚을 수 있을 정도로 말이란 건 큰 위력을 지니고 있다. 바꿔 말하면 말 한 마디로 사람을 죽일 수도 있다는 뜻 아닐까. 이곳에서 일하면서 나는 그 사실을 너무도 명확하게 이해하게 되었다. 이곳에 오는 사람들 중 적지 않은 수의 남자들이 기발한 말로 나를 놀라게 만들었기 때문이다. 그저 야하다는 말로는 다 설명하기 힘들 정도로 저급함을 내뿜는 이들이 있다.

때로는 지금 내가 야동을 보고 있는 건 아닐까 하는 착각마저 들기도 한다. '오빠 ○○ 어때?'나 '자기 ○○ 정말 맛있을 것 같다.'는 소리를 들을 때면 온 몸에 소름이 돋을 정도다. 스스로 흥분을 끌어올리기 위해 욕을 하는 경우도 보았지만 그 정도는 애교스럽다고 느끼는 이유기도 하다. 도대체 무슨 생각을 하는 거면 나를 앞에 두고 맛있다거나 먹고 싶다고 말하는 걸까? 사랑을 나누는 도중이라면 어느 정도는 이해할 수도 있다. 내 남자친구가 그윽한 눈으로 니가 맛있다고 말하면 나 역시 달아오를 수도 있다. 그러나 여기 온 사람은 내 남자친구가 아니잖은가. 게다가 만난 지 10분도 안 된 생면부지의 사람이다. 그런 사람이 내 보지가 어떠니저떠니하는 걸 이해해줘야 하는 걸까?

그런 말을 하는 사람도 있다. 우리가 받는 돈에는 저런 말을 들어줘야 하는 것까지 포함되어 있다고 말하는 이들. 그러나 겨우 몇 만원 안팎의 돈에 저런 수위의 성희롱성 발언까지 포함되어 있으리라고는 생각지 않는다. 어차피 즐겁자고 만난 자리다. 그러면 즐거운 분위기를 만들어야 하는 것 아닐까. 내가 아무리 노력한다 해도 막상 저런 말을 접하게 되면 있던 정도 떨어지게 된다. 이건 나만 그런 건 아니다. 이곳에서 일하는 모든 매니저들도 다 그럴 것이다. 그래서 이런 말을 들으면 요령껏 그건 별로라는 신호를 보내곤 한다. 한 번에 알아들으면 그나마 다행인데 이런 말을 하는 사람의 특징은 대부분 일방통행에 매몰되어 있다는 점이다.

그래서 한번 필을 받으면 도무지 멈추려 들지 않는다. 여자의 몸에 대한 이런 맛표현은 자신만 할 수 있다고 믿는 걸까? 아니면 이런 식의 멘트로 인해 여자가 흥분한다고 믿는 걸까? 그럴 바엔 차라리 키스를 함으로써 저 입을 막는 게 훨 낫다는 생각조차 든다. 문제는 이런 남자들은 키스보단 오히려 이런 식의 저급한 대화를 통해 더 흥분한다는 점이다. 여기는 키스방이다. 키스를 통해 흥분하는 건 자유지만 그 이외의 것으로 흥분하려 한다면 크게 환영받지 못할 것이란 사실을 굳이 알려줘야 하나. 그럴 거면 야한 대화를 전문으로 하는 곳을 찾아가는 게 어떨까 싶다.

사람마다 개인적인 취향이 다르니 내가 아닌 다른 친구들의 경우도 들어보려 한다. 그녀들이 싫어하는 손님 유형은 어떤 게 있을까? 개인적으론 이게 궁금하기도 했다. 나랑 비슷한 면도 있고 조금은 다른 면도 있어서 더 흥미로웠다. 아가씨들이 싫어하는 이런 저런 손님들 유형이다.

냄새 나는 손님

역시나 키스방에서 일하면 가장 먼저 손꼽히는 케이스인 모양이다. 나도 그랬지만 다른 아가씨들 역시 이런 유형의 손님이라면 절대 받고 싶지 않다고 증언했다. 여러 가지 냄새 중 가장 싫어하는 건 역시 입 냄새라는 게 그녀들의 한결 같은 주장이다. 사실 이런 경우는 사회에서도 쉽게 접할 수 있지만 우리 같은 경우는 그걸 정면으로 맞아야 하기에 더욱 그렇다. 키스방에 오면 먼저 이를 닦지만 그럼에도 불구하고 지독한 냄새를 풍기는 이들이 있다. 거의 음식물 쓰레기 봉지를 입에 갖다 댄 느낌이랄까. 설마 싶겠지만 정말 그런 경우가 있다. 양치질을 했는데도 저 정도면 평소엔 어떤 거란 말인가. 이러고도 사회생활이 가능할까.

한 가지 당부 드리자면 제발 우리와 만나는 시간 동안에는 금연을 했으면 하는 것이다. 담배를 피우고 나면 그 냄새가 지독하기 때문이다. 그런 사람과 키스를 하노라면 감미롭기보다는 구역질만 난다. 그래서일까. 5분 이상 공들여 꼼꼼히 양치하는 손님을 만나고 나면 감동 먹을 지경이다. 그런 손님이라면 내가 먼저 키스하고 싶을 지경이란 말이다. 입 냄새 말고도 우리를 힘들게 하는 냄새도 있다. 바로 땀 냄새다. 이건 주로 여름에 많이 접하는 경운데, 여름철에 땀을 뻘뻘 흘리며 와서는 제 땀을 내 옷에 흠뻑 적시는 손님들이 있다. 남자들이야 여자보다 땀을 많이 흘리고 냄새도 심하다. 문제는 본인들도 알고 있다는 것이다. 우리를 만나기 위해 달려오느라 그랬다 싶어 이해는 가는데 이해는 이해고 냄새는 냄새다. 그런 냄새 맡으면서 웃고 있는 건 정말 고역이란 걸 알고는 있을까. 괜찮다면 오기 전에 사우나 20분만 들렀다 왔으면 좋겠다.

수위 진상들

앞서 얘기했다시피, 키스방은 유흥 업종에서 가장 소프트한 수위를 가지고 있다. 대화, 키스 그리고 가벼운 터치. 손님들이 제 몸으로 무얼 하든 자유지만, 매니저들이 허락해줄 수 있는 것은 저 정도가 전부이다. 게다가 꼭 키스방이 아니더라도 각자의 원하는 수위를 맞춰줄 수 있는 곳들이 널리고 널렸다. 강남 바닥의 한 오피스텔은 키스방부터 립카페, 건마에 오피까지, 빌딩이 통째로 유흥 타운이라고 할 정도다. 이는 곧 자신의 취향을 충족시킬 수 있는 대안이 넘쳐난다는 뜻이다. 섹스를 하고 싶으면 오피스텔을 가면 될 일이고 술 마시며 주물럭거리고 싶으면 룸을 가면 될 일이다. 근데 왜 굳이 이곳까지 와서 룰에도 없는 일을 하는 건지 도통 이해할 수가 없다. 혹시 돈이 없어서 그런 걸까? 그럴 수도 있겠네. 단 돈 몇 만원으로 몇 십만 원어치 서비스를 받고 싶은 건가 보다. 제발 돈만큼만 하자.

막말의 달인들

걸레는 바닥을 닦을 때 쓰는 것 아닌가. 그런데 여기를 찾는 사람들 중엔 걸레를 입에 물고 다니는 사람들이 있다. 말할 때마다 썩은 냄새를 풍기는 것이다. 가는 말이 고와야 오는 말이 고운 법이다. 그럼에도 불구하고 가는 말이 너무 심한 경우도 한 두 번이 아니다. 우리가 무슨 물건도 아닌데 고려청자 평가하듯 품평하는 사람들. 자신들은 그저 지나가는 말로 한 것일지 모르지만 듣는 우리는 그 말 하나하나가 대못이 되어 심장을 파고든다. 정말 마음에 안 든다면 언제든지 바꾸면 되는 것 아닌가. 그럴 생각은 하지 않고 그저 상대의 아픈 구석을 찔러대는 저의를 이해할 수가 없다.

엉덩이가 너무 말라서 뒤치기 하다 찔리겠다고 말하는데 처음부터 너랑 그런 걸 하고 싶지도 않다고. 가슴은 말랐는데 배는 풍만하다고? 그러는 너는? 고추는 이쑤시개처럼 가는데 그건 안 보이니? 자신의 흠은 볼 생각도 안 하고 타인의 약점을 들쑤시면 즐거운 건가? 내 코가 낮다고 뭐라 그러는데 그러는 당신의 코는 휘기까지 했다는 걸 거울을 보면 알 건가. 말로 쌓는 업은 일단 한 번 뱉어지고 나면 복구할 수도 없다. 제발 고운 말 좀 해주길 바란다. 우리도 여자다. 좋은 소리 듣고 나면 하나 해줄 것 열개 백 개로 돌려주고 싶다는 걸 알아주기 바란다.

그나마 좋았던 경험

키스방은 보통 30분 또는 1시간 단위로 운영이 이루어진다. 30분에 4만원, 60분에 7만원. 사실 어떤 돈이건 적지 않은 돈이기에, 그게 무엇이든 예약을 해주면 고마운 일일 수밖에 없다. 물론 30분 하고 다른 사람을 맞는 건 쉬운 일이 아니다. 서로 간에 레포를 쌓고 나야 조금은 긴장이 풀리기에 가급적 긴 시간 만나는 게 좋다. 그런 이유로 2시간 이상씩의 시간을 예약해주는 손님은 더할 나위 없이 고마운 게 사실이다. 같은 사람과 두 시간 이상을 한 공간에서 말을 섞고 입술을 부비고 나면 왠지 정 비슷한 게 느껴진다. 그렇다고 마냥 길게 만나는 게 좋은 것만은 아니다. 그 이상은 조금 부담이 되는 게 사실이다. 우리가 할 수 있는 일이 그리 많지 않기에 2시간을 넘어서면 뭘 해야 할 지 조금은 난감하기 때문이다. 뭐든 적당한 게 좋은 법이다. 대화도, 키스도 그러하다.

은퇴

은퇴란 건 유명 연예인이나 스포츠 스타들만 하는 거라고 생각했다. 그런 사람을 제외한다면 굳이 은퇴란 걸 들먹여야 할 이유도 없으니까. 그런데 재미난 건 이곳에도 은퇴란 걸 한다는 것. 은퇴라고 해봐야 대단한 건 아니고 그저 더 이상 이 일을 하지 않는 것뿐이긴 하지만 그래도 은퇴는 은퇴다. 사실이 곳에서의 은퇴라는 건 축하받을 일이다. 정도의 차이는 있겠지만 생면부지의 남자와 몸을 부딪치는 일이 그리 좋을 건 아닌 까닭이다. 그래서 함께 일하던 언니들 중 누군가가 더 이상 일을 하지 않겠다고 선언하면 축하도 하고 한편으론 부럽기도 한 것이다.

　비록 돈을 잘 벌지는 못하겠지만 이곳에서 겪었던 갖가지 고초들에서는 해방된다는 의미이기에 그렇다. 가끔씩 겪게 되는 경찰의 단속에 마음 졸이지 않아도 되고, 진상 손님을 만나 흘려야 하는 눈물로부터도 안녕이니까. 또한 은퇴를 한다는 건 자신을 괴롭히던 경제적 곤경으로부터의 탈피를 의미하기도 하는 일 아닌가. 사채 빚을 다 갚지도 않고 은퇴하는 경우는 거의 드물 테니까. 뿐인가. 악착같던 친구들은 통장에 많은 수의 동그라미를 기록하기도 한다. 그렇게 모은 돈으로 자신이 꿈꾸던 일을 이어갈 수 있기에 그들의 은퇴는 축하받아 마땅한 일이다. 한마디로 개같이 벌어서 정승처럼 쓰게 되는 것이다.

연예인들이 은퇴를 선언하고 얼마 후 복귀하는 경우가 있다. 자세한 속사정이야 모르지만 거기엔 그만한 이유가 있을 것이다. 우리 역시 그렇다. 동료들의 축하를 받으며 은퇴한 친구가 시간이 흘러 다른 가게에서 일한다는 소문을 들을 때면 괜히 우울해지기도 한다. 그녀의 복귀는 곧 자신이 사회에서 제대로 적응하지 못했음을 의미하기 때문이다. 거기엔 여러 이유가 있다. 호기롭게 시작했던 커피 전문점이 참담한 실패로 이어졌다거나 혹은 다시 돌아간 학생의 삶이 생각보다 원활하지 못했거나. 그게 어떤 것이든 또 다른 실패가 이어졌다는 뜻이다.

언니들의 복귀 이유 중 가장 큰 비중을 차지하는 것은 주로 경제적인 불만족에서 비롯된다. 적게는 10만원 많게는 4, 50만원씩 벌다 보니 씀씀이가 커진 상태에서 이전처럼 쓰지 못하다 보면 어쩔 수 없이 불만이 생겨나게 된다. 안 그런 친구도 있겠지만 대부분은 예전처럼 쓰지 못하니 다시금 옛 추억(?)에 빠져들게 된다는 것. 그래서 다시 복귀의 변을 늘어놓는 것이다. 그래도 모두가 다 그런 건 아니다. 한 번의 경험을 되풀이하지 않기 위해 열심히 노력하는 친구들도 많다. 비록 예전에 비해 크게 줄어들긴 했지만 그래도 자신이 노력한 만큼의 대가로 받은 돈으로 알뜰하게 삶을 꾸려가는 친구들이 있다. 그런 친구들을 보며 나 역시 그래야겠다고 마음먹는다. 나만 그런 건 아닐 것이다. 다른 친구들 역시 하루라도 더 빨리, 가능한 한 멀리, 이곳을 벗어날 수 있기를 바랄 것이다. 그래서 오늘도 진상 아저씨들의 손길을 뿌리치며 웃고 있는 거겠지. 일단 한 번 떠나게 된다면 절대로 돌아오지 않을 것이다. 적어도 내 은퇴는 그렇게 결론짓고 싶다.

그럼에도 키스방··· 왜?

여기에 오기까지

우리나라엔 정말 많은 종류의 유흥업소들이 있다. 립카페, 노래방, 키스방, 건마, 안마방, 휴게텔, 오피, 조건 만남, 룸살롱 등 매우 많은 종류의 유흥업소들이 (특히 서울에) 즐비하다. 나 같은 경우는, 그리고 우리 가게의 많은 아가씨들은 키스방에서 시작해서 정착(?)한 경우가 대부분이다. 각자의 목적이나 신념(?) 등은 다르겠지만, 어쨌든 키스방에서 유흥 일을 배우기 시작해서 1~2년 이상을 했던 경우가 대부분이다. 키스방에서 일을 계속 하는 이유는 명확하다. 술을 마시지 않아도 되고, 옷을 벗거나 관계를 가져야 하는 등의 부담이 없고, (큰 욕심만 부리지 않으면) 적어도 10~20만원의 돈을 하루에 벌 수 있다는 점. 외형적으로는 성매매가 아니므로 단속 걱정이 없다는 점. 개중에는 자발적인 성매매를 하는 경우가 있다고는 하지만, 전반적으로는 정해진 수준, 자신이 할 수 있는 범위 내에서만 깔끔하고 안전하게 일을 하려는 것 같다.

물론 모두가 다 그런 건 아니다. 개중에는 정말 많은 업소를 거쳐 온 친구들도 있다. 사실 키스방은 유흥 중 가장 힘들지 않은 일이기 때문에 다른 일자리들에 비하면 큰돈을 벌기는 힘들다. (12시간 정도 일하는 날-운이 좋으면-50만 원 정도를 버는데, 다른 업종에서는 4~5 시간만 일하고도 벌 수 있는 돈이라고 한다.) 그래서 다른 업종에서 키스방으로 온 친구들은 키스방의 적은(?) 보수에 불만을 표하기도 하는데, 이들은 주로 단속 부담을 피해 온 것이기 때문에 어느 정도의 기간이 지나고 나면 본래의 일자리로 돌아가는 편이다. 더러는 2차를 나가기 싫고 술이 마시기 싫어서 키스방에 정착하는 경우도 있다.

그런가 하면, 가장 쉬운 키스방에서 시작해서 더 벌이가 큰 곳으로 옮겨가는 친구도 있다. 보통은 시작한 업종에 머물기 마련이지만, 사람의 욕심은 끝이 없다 보니 조금 더 많은 돈벌이가 되는 곳으로 이직하는 친구들도 종종 있다. 혹자는 이게 유흥에서 일한 여자가 거치는 정식 코스라고까지 말하는 사람도 있다. 그러나 그건 그저 고정관념에 불과하다. 각자의 의지에 따라, 혹은 그들의 환경에 따라 그러는 이도 있고 아닌 이도 있기 때문이다. 돈이란 게 유흥업소를 찾게 된 가장 큰 이유일 테지만 그게 전부는 아니지 않은가. 당장 나만 해도 그렇다. 난 키스방에서 벗어나면 원래의 삶으로 돌아갈 것이니까. 세상사라는 게 원하는 대로 다 되는 건 아니지만 최소한 이 부분만은 내 의지대로 할 수 있을 거라 믿는다.

이곳에서 일하는 이유

한량들은 말한다. 돈만 있다면 세계에서 가장 놀기 좋은 곳이 대한민국이라고. 맞는 말이다. 각종 통계를 들먹이지 않더라도 지구상에서 우리나라만큼 다양하고 많은 유흥시설이 몰려 있는 곳이 없는 까닭이다. 도대체 어느 나라에 키스만 전문적으로 하는 유흥시설이 존재하겠는가. 어디 키스방 뿐일까. 각양각색의 컨셉을 지닌 유흥업소가 즐비하게 늘려 있지 않은가. 그러니 돈이 있고 마음만 있다면 원하는 그 어떤 유흥이라고 즐길 수 있다. 그 말은 나 같은 여자가 일할 곳도 차고

넘친다는 말이 된다. 매춘을 할 수도, 술을 따를 수도 있었다는 말이다. 그럼에도 불구하고 굳이 키스방에서 일을 하는 이유는 뭘까? 키스방에서 일을 하는 이유는 너무나도 다양하겠지만, 굳이 공통점을 찾아보자면 상대적으로 '적은 스트레스'라고 할 수 있을 것 같다.

또 하나 덧붙이자면 경찰로부터의 단속에서 상당 부분 벗어나 있다는 점이다. 전혀 없는 건 아니다. 어느 날에는 근방의 키스방에 경찰이 왔다는 소리를 들은 적도 있고 같이 일하는 언니 중에서도 그런 경험을 했다는 말도 들어보았으니까. 그렇게 된다 해도 다른 업종에 비하면 처벌이 약한 것도 사실이다. 가령 키스방 이상급(예를 들어, 립카페나 건마, 오피 등)의 가게들은 광수대(광역수사대)가 들이닥치기도 하고, 함정 수사(?)를 통해 단속을 한다. 대놓고 오럴섹스 내지는 섹스가 목적인 곳이다 보니, 걸리면 변명의 여지없이 성매매특별법 위반으로 성매매 전과자가 되어버리는 곳이다. 아가씨는 물론이고 손님까지도 단속의 칼날을 피할 수 없는 것이다. 그러나 이곳 키스방은 설령 걸린다 해도 행정 처분 정도로 끝나는 정도라고 한다.

물론 이조차도 아주 드문 케이스다. 당장 우리 가게만 해도 사복 경찰이 잠입한 적도 없고 정복을 입은 경찰들이 온다

고 해도 신분증을 확인하고 무엇을 했는지 묻는 정도가 다였
다. 대한민국은 법치국가다. 따라서 영장 없이 자신들의 임의
대로 단속을 하는 경우는 거의 없다. 아니 할 말로 우리가 문
을 열어주지 않으면 강제로 문을 따기는 거의 어렵다는 뜻이
다. 그러다 보니, 대부분의 아가씨들이 단속 걱정은 덮어두고
일을 하는 편이다. 더러는 다른 업종에서 단속을 맞은 아가씨
들이 돈은 벌어야겠고, 단속은 피해야겠으니 키스방 행을 택
하는 경우도 있다. 물론 이는 지극히 논리적인 대처일 때가
그렇다는 거지 실제로 경찰이 그렇게 하면 문을 열어주지 않
을 도리는 없다. 한번 밉보이면 후환이 두려워지는 까닭이다.
그래서 문을 열어주긴 하는데 그 전에 사전에 정해진 매뉴얼
대로 움직이는 게 상식이다. 아는 사람도 있겠지만 일반적으
로 유흥업소에는 단속을 피하기 위한 기본적인 장치들이 되
어 있다. 더러는 뒷문이 있는 경우도 있으나, 우리 가게는 비
상벨로 경찰이 왔음을 알려주는 정도였다. 그렇게 단속이 있
음을 고지할 때 자주 다녀본 손님들이야 크게 당황하지 않고
재빨리 옷을 입고 경찰의 방문을 준비하겠지만, 생전 처음으
로 키스방에 와서 단속을 맞은 사람들은 그렇지 않다. 우리에
게는 일상적인 경찰의 방문이지만, 그들은 영락없이 나쁜 짓
을 하다가 들킨 어린아이처럼 굴기 십상인 것이다.

그럴 때면, 우리는 자연스럽게 행동하고, 경찰이 무엇을 했느냐 물어보면, 대화만 했다 내지는 키스만 했다고 대답하라는 매뉴얼을 알려준다. 시키는 대로만 하면 될 텐데, 사람이 잔뜩 얼어붙은 상황에서는, 게다가 나쁜 짓을 하다가 '딱 걸렸을 때'는 평소에 잘 하던 짓도 안 되기 마련이다.

실장이 예전에 겪은 일이라고 했다. 한번 단속 당한 적이 있었는데 그때 손님에게 대처법을 알려주고 문을 열었다고. 그런데 그 손님이 경찰의 유도심문에 넘어가 자신이 한 일을 미주알고주알 다 털어놓아버린 경우가 있었다고 한다. 결국 그 덕에 경찰은 의기양양하게 업주와 손님 모두에게 경찰서로 출두하란 말을 남겼다고 한다. 이미 증언이 확보된 상태니 그 상태에서 발뺌을 해봐야 미운 털만 박힐 처지였던 지라 모두 시인하고 말았다. 그래서 어떻게 되었냐고? 매니저와 손님은 훈방 조치, 가게는 직업안전법 위반에 의한 과태료를 물었다. 그게 다. 상황이 이러니 키스방은 정말 단속 걱정이 없다고 봐도 무방하지 않을까.

그 다음 이유는 섹스를 하지 않는다는 점이다. 익히 알겠지만 섹스를 하는 업소들, 안마나 오피스텔 혹은 사창가에서 일을 하면 좀 더 많은 돈을 벌게 된다. 그럼에도 불구하고 굳이 키스방에서 일하려 하는 것은 섹스만큼은(알지도 못하는 남자와의) 하고 싶지 않다는 이유인 것이다. 그런 말을 하는 사람도 있다. 키스건 섹스건 돈을 받고 정조를 판다는 것은 같은 것 아니냐고? 각자의 생각 차이이니 무조건 아니라고 반박할 순 없지만 그래도 키스와 섹스는 엄연히 다른 문제라고 생각한다. 이곳에서 일하는 친구 중 안마나 오피스텔 등지에서 일하다 온 친구들도 간혹 있다. 그 친구들이 보다 많은 돈을 포기하고 이곳으로 온 이유는 단 하나, 거친 숨소리를 내는 남자의 몸에 짓눌리지 않으려 했기 때문이다.

변종 키스방이 아닌 이상에야 이곳에서 일하는 언니들에겐 강제로 섹스를 원하는 손님들을 내쫓을 수 있는 권리가 있다. 업주 입장에서도 그런 일을 반겨하지 않음은 물론이다. 그랬다가는 언니들이 단체로 파업을 해도 저지할 방법이 없기 때문이다. 간혹 은밀하게 손님과 거래를 해서 섹스를 하는 친구들도 있다고는 하는데 그럴 바에야 안마나 오피스텔로 업종 전환을 하는 게 낫지 않을까 싶다. 굳이 키스방에서 일하면서 그래야 하는 이유를 잘 모르겠다.

술을 먹지 않아도 된다는 이유로 키스방에서의 일을 선택한 친구들도 있다. 세상엔 체질적으로 술이 받지 않는 타입도 있기 마련이다. 그런 친구들은 반드시 술을 먹어야 하는 노래방이나 룸살롱 같은 곳에서의 일이 고역일 수밖에 없다.

잘 먹지도 못하는 술을 억지로 먹다보니 몸도 상하고 정신적으로도 많이 힘들기에 굳이 술을 먹지 않아도 되는 업종을 찾다 키스방을 택하게 되는 것이다. 싫어하는 일을 억지로 하는 것보다 힘든 일이 어디 있겠는가. 게다가 술을 많이 먹다보면 점잖던 사람도 개진상으로 탈바꿈하는 꼴을 보아서 알지 않던가. 이런 저런 이유를 본다면 키스방에서의 일은 그나마 깔끔한 일임이 틀림없다.

이밖에도 사람에 따라서는 키스방을 선택한 이유가 존재한다. 은밀한 곳을 내보이지 않아도 된다거나 이야기만 잘 해도 크게 힘들이지 않고 돈을 벌 수 있다는 것들이 그렇다. 전체적으로 본다면 키스방에서의 일은 타 유흥업종에 비해 난이도가 낮다는 것이 확실하다. 돈벌이라는 점만 제외한다면 최선의 선택일수도 있다는 것이다.

이곳은 추천할 만한 장소인가

이 질문엔 고려할 만한 요소가 있다. 만약 내 친구가 이 일을 하고자 한다면 나는 추천할 수 있을까? 그 친구에게 절실히 돈을 벌어야만 할 이유가 있다면, 그래서 많은 돈을 벌 수 있는 유흥시설에서 일해야만 할 상황이라면 내 대답은 OK일 가능성이 크다. 만약 그게 아니라면 추천할 이유조차 없을 테고.

이곳을 추천하는 데는 몇 가지 이유가 있다. 일단 자신의 노력 여하에 따라서는 꽤나 많은 돈을 벌 수 있기 때문이다. 물론 그 과정에서 일반적인 사회생활에서 받는 것과는 또 다른 차원의 힘듦을 겪게 되겠지만 그는 많은 돈을 벌기 위한 통과의례라고 생각해야 하므로 논외로 하자. 그렇다고 평생토록 이곳에서 일할 수는 없다. 앞서도 말했지만 언젠가 이곳에서 빠져나와야 하기 때문이다.

자신의 젊음과 미모가 받쳐주는 한은 이곳에서 또래의 친구들보다 훨씬 많은 돈을 벌 수 있음은 명확하다. 그러나 시간은 누구에게나 공평한 법. 점차적으로 젊음은 퇴색할 것이고 미모도 사라질 것이다. 그 전에 자신의 목표치(그게 돈이건 혹은 또 다른 무엇이건)를 충족시켜야만 할 것이다. 그러려면 절제된 삶을 살아야 한다. 좀 많은 돈을 번다고 명품 백을 사고 한 끼에 십만 원이나 하는 밥을 수시로 사먹는다면 평생 그 목표에 도달할 수 없기 때문이다. 실제로 주변에서 이런 친구들을 적잖게 보는데 그때마다 안타깝다.

이런 친구도 있다. 얼마 안 되는 돈을 이상한 곳에서 빌렸다가 그 돈이 눈덩이처럼 불어나 이곳에 온 친구였다. 그 친구는 젊고 예뻤다. 그래서 많은 남자들이 그 친구를 찾았다. 당연히 돈을 잘 벌었다. 그런데 문제는 그렇게 번 돈을 흥청망청 써버린 것이다. 처음 빌렸던 돈이야 당연히 갚았다. 그 정도는 일주일 안에 벌고도 남았을 테니까. 그 다음부터는 돈을 모을 생각을 하지 않고 버는 족족 허공에 날리다시피 했다. 1년이 지났을 때 나보다 훨씬 인기가 많았던 그 친구의 통장과 내 통장을 비교해볼 기회가 있었다. 우습게도 내 통장 잔고가 훨씬 컸다. 내가 돈을 잘 벌어서였을까. 그럴 리가 없다. 대신 나는 알뜰하게 모았던 거다. 그 친구가 콜떼기를 불러 몇 만원을 지불할 때 난 버스를 타고 지하철을 갈아탔으니까. 그 친구가 명품 백을 살 때 난 벼룩시장에서 만 원짜리 구제백을 샀을 뿐이다. 이젠 얼마 남지 않았다. 내 목표치에 90% 이상 도달했으니까. 조만간 난 은퇴를 하게 될 것이다. 그 친구는? 아마 오랜 시간 더 이곳에서 일해야 할 것이다. 아직도 그 친구는 젊고 예쁘다. 그러나 예전 같지는 않다. 지명의 수도 줄었고 하루 종일 차던 예약도 중간 중간 비어가니까. 그 친구가 나처럼 생활했다면 이미 오래 전에 이곳을 빠져나가고도 남았을 것이다. 산술적으로 계산해보자. 나처럼 평범한 키스방 매니저라 해도 하루 종일 일하면 못해도 30만 원은 벌 수 있다. 정말 조건이 나쁜(외모도 젊음도 남들보다 떨어지는 그런) 친구라 해도 20만원은 벌 수 있다. 매일을 쉬지 않고 출근하고, 최소한의 교통비와 식대면 한 달에 500만 원 이상을 모을 수 있다. 이런 식으로, 정말 최소한의 지출만 한다면 1년 만에 수천만 원의 목돈을 만들 수 있는 곳이 바로 키스방이다.

확고한 목표, 그리고 그를 이루기 위한 성실함과 검소함이 갖춰져 있다면, 키스방에서 일하는 것은 그리 나쁜 선택은 아니다. 물론 수시로 밀려오는 자괴감은 미래의 보상을 위해서라도 싹을 잘라내야 하겠지만 말이다.

남과 여

빼지놓는 남자 당하는 여자

인생은 B와 D 사이의 C다. 사르트르의 명언이다. 태어나서 (Birth) 죽을 때까지(Death) 선택(Choice)의 연속인 인생을 살아가는 인간에게 Choice, 선택은 떼려야 뗄 수 없는 숙제인 셈이다. 이는 인생을 살아가는 인간의 숙명이기도 하지만 이곳 키스방에서 일하는 우리에게는 숙명 그 이상의 무엇이기도 하다. 예약하지 않은 손님의 경우, 랜덤으로 손님이 할당되는 것이 키스방의 규칙이다. 그래서 손님이 오면 순번대로 들어가게 되는데 이때가 가장 무서운 시간이다. 손님이 기다리고 있는 방에 노크를 하고 들어가면 그때부터 30초에서 1

분 사이에 그 손님은 우리의 생사여탈권을 쥐게 되는 것이다.

자신의 마음에 들지 않는다면 소위 말하는 뺀찌를 당하게 되기 때문이다. 누구나가 인정하는 외모를 지닌 아이라면 크게 두려워 할 필요가 없지만 나를 포함한 많은 친구들은 그로부터 자유로울 수 없는 것이 현실이다. 겉으로는 웃고 있지만 속으론 수많은 생각들이 스쳐 지난다. 저 사람이 나를 받아들여줄 것인가 아니면 나를 내보낼 것인가? 운이 좋아 그 손님의 표정에 미소에 걸리기라도 한다면 비로소 한숨을 돌리게 되는 것이 키스방 매니저들의 일상이다.

그게 아니라면 상당수의 경우 뺀찌를 맞게 된다. 그럴 때마다 맛보게 되는 열패감. 난 왜 이렇게 생긴 걸까 내지는 미친 새끼 지는 어떤데 식의 감정을 하루에도 몇 번씩 맛보고 나면 진이 빠지기 십상이다. 남자는 치마만 입어도 좋아한다는 말은 새빨간 뻥이다. 이곳에서 일하면서 그 사실을 너무도 잘 이해하게 되었다. 생각 외로 남자들은 까다로웠다. 누군가는 표정이 맘에 안 들어서 뺀찌를 맞고 또 누군가는 코 밑에 점이 있어서 뺀찌를 맞는다. 이 바닥만큼 외모에 민감한 곳이 또 있을까?

그나마 다행인 건 김태희 송혜교 급의 절대 외모를 지니지 않았다면 설령 매니저가 예쁘다 해도 뺀찌를 놓는 손님도 있다는 것이다. 꼭 외모가 전부는 아니란 것. 그만큼 남자의 취향은 각양각색이어서 내가 뺀찌를 맞았다고 해서 꼭 내 외모가 나빠서는 아니었다고 위로하게 되는 구력을 갖게 된 거랄까. 솔직히 처음 뺀찌를 맞았을 때는 엄청나게 좌절했었다. 그러나 그것도 자꾸 하다 보니 어느 정도는 담담해지더란 사실이다. 몇 안 되는 지명을 가졌던 나는 그에 대해 직접 물어본 적이 있었다.

"오빠 남자들은 왜 뺀찌를 놓는 거야? 순전히 얼굴 때문인 건가?"

"왜 오늘 뺀찌 먹었니?"

"아니, 그런 건 아닌데 궁금해서?"

"외모가 중요하긴 하지. 근데 제 눈에 안경이라고 각자의 취향이 있어서 그래. 이곳에서가 아니라면 누가 너처럼 예쁜 애를 거절하겠니. 니가 안 예뻐서가 아니라 그 사람이 원하는 취향이 다른 곳에 있는 거야."

그의 말이 맞았다. 뺀찌란 건 지극히 개인적인 호불호에 좌우되는 일이란 걸 깨닫고 난 후에는 그 일이 그리 쓰리지 않았다. 그리고 대부분의 손님들은 꽤나 미안하단 어투로 실장을 불러달라는 말로 뺀찌를 놓는데 그런 미안함 역시 적잖이 위로가 되기도 했고. 아무튼 뺀찌는 키스방에선 필수적인 요소였다. 입장 바꿔 생각하면 나라도 그럴 것 같았다. 난 아니지만 가끔 주변 매니저 가운데 호스트바를 다니는 친구가 있었는데 그 친구 역시 그런 말을 했다. 잘 생기고 아니고를 떠나 제 마음에 드는 애를 데리고 놀고 싶다고. 그래서 비싼 돈을 내는 거라고.

  다른 관점에서 보면 오히려 뺀찌라는 게 더 합리적인 선택일 수도 있다. 마음에 들지 않는 매니저를 두고 툴툴거리며 시간을 보내면 매니저와 손님 둘 모두에게 손해기 때문이다. 그래서 이젠 처음부터 교체를 요구하는 손님이 오히려 반갑기까지 하다. 이도 저도 아니고 한참 할 거 다 한 뒤에 중간에 뺀찌를 놓는 손님이 더 진상일 테니까.

Sex를 즐기는 매니저

사람이라면 누구나 자신만의 가이드라인이 존재하기 마련이다. 내 경우엔 언제 그리고 어디서나 본업에 충실하자는 것. 키스방 매니저가 아닌 순간에는 그 순간에 충실해야 하고, 키스방에 있을 때는 최선을 다해 사람들을 대하자는 것이다. 나를 찾아온 손님에게는 그 시간동안 애인처럼 곰살맞게 대하려 노력하는 것도 그 때문이다. 키스방을 찾는 손님들 상당수가 소위 말하는 애인 모드를 원한다는 사실을 알고 나서는 더욱 그랬다. 그러나 다 그렇진 않다. 때론 자신이 어디에서 일하는 지를 망각하고 제 멋대로 날뛰는 친구도 있게 마련이다. 남들은 다 예를 말할 때 혼자서 아니오라고 대답하는 친구인 셈인데, 그게 광고에서는 먹힐지 몰라도 이곳에서는 절대 환영받지 못한다.

　누차 애기하지만, 키스방은 소위 '수위'가 매우 낮은 편에 속한다. 최근 몇몇 키스방에서는 차별화라는 말로 그 수위를 꽤나 올리고 있다고도 하는데 그건 그리 흔한 케이스는 아니다. 평균적으로 보면 키스방은 키스와 가벼운 터치 또는 남자들의 자위 정도까지만 허용되는 곳이다. 그런데 이런 룰을 애써 무시하려는 사람들이 있다. 어느 조직에나 이런 사람들이 있다는 걸 안다. 뭐랄까. 일종의 튀고 싶은 심리의 표출이라고 해야 할까. 그중 가장 대표적인 것이 바로 키스방에서 섹스를 하는 것. 유흥 관련 사이트를 보면 이런 일탈을 무용담 삼아 늘어놓은 글을 심심찮게 볼 수 있다. 물론 그들의 말을 백프로 신뢰하진 않지만 그래도 이런 일이 아주 없는 건 아닌게 분명하다.

　섹스란 남자와 여자, 한 세트가 있어야 이뤄지는 작업이다. 남자들이야 최소비용으로 최대 효용을 이끌어내는 셈이니 혹할 법 하지만 여자, 즉 키스방 매니저가 거기에 동참한다는 게 솔직히 잘 믿기지 않았다. 도대체 그 언니들은 왜 그런 일을 하는 것일까? 앞에도 말한 바 있지만 키스방에서 일하고자 하는 언니들 중 많은 수가 이곳에선 섹스를 하지 않아도 된다는 이유를 손꼽는다. 상황이 그러니 손님들의 은근한 섹스 요구를 단칼에 끊어내는 것이다. 이렇게 본다면 키스방에서의 섹스는 거의 불가능한 것 아닐까.

그런데 꼭 그렇지만은 않은 모양이다. 나 같은 경우엔 손님들이 은근히 섹스를 부탁하면 완곡하게 거절 의사를 밝힌다. 여기서 섹스를 하면 퇴출당하게 된다는 투로 그들을 달래는 것. 그런데 그럴 때마다 손님들이 공통적으로 하는 말은 어느 가게 누구는 해주던데 라는 식이다. 정말 그녀들이 그랬을까 하는 건 나중 문제다. 실제로 그런 걸 하는 매니저들이 있다는 걸 여러 차례 들었으니까. 이게 우리 가게 아가씨가 아니라면 큰 문제는 없다. 다른 키스방에선 뭘 했건 우리와는 무관하니까. 그러나 간혹 한 가게에서 이런 일을 하는 매니저가 있을 때가 있다.

단 둘만 있는 공간에서 하는 일이니 확실한 물증은 없다. 그러나 낮말은 새가 듣고 밤말은 쥐가 듣게 마련 아닌가. 꼬리가 길면 밟히는 법이다. 그렇게 되면 내부적으로 분란이 생길 수밖에 없다. 얼마 안 되는 돈으로 섹스를 해주는(?) 매니저에게로 손님이 몰리게 되고 나머지 아가씨들은 자연히 개수가 줄어드니 불만이 생기게 되는 것이다. 이런 경우 그 매니저는 퇴출의 수순을 밟게 된다. 물론 그 전에 한 두 번의 기회는 주어지겠지만 그것도 쉬운 일은 아니다. 나머지 매니저들의 수입과 직결된 문제이기에 함부로 사정을 봐주기도 쉽지 않기 때문이다.

개인적으로 그 매니저가 잘 했다는 건 아니지만 그래도 그 심정은 이해가 간다. 대부분의 '한번 하자' 뒤에는 10만 원 정도의 추가 금액이 붙으므로, '하는 곳'인 휴게텔이나 오피에서의 1시간보다 벌이가 클 수밖에 없다. 휴게텔이나 오피에서는 한 시간 기준 7~8만 원 정도를 받는다고 한다. 물론 아가씨의 사이즈에 따라 금액이 달라지기는 하지만, 많이 벌어야 10만원이라고 봤을 때, 키스방에서 1시간에 14만원을 버는 것이 이익이라고 볼 수는 있다. 게다가 굳이 돈을 받지 않는다고 가정을 해도, 고정적인 손님을 확보할 수 있을 테니, 안정적으로 돈을 벌 수는 있을 것이다. 아무튼, 그 친구의 심정을 머리로는 이해할 수 있지만, 그로 인해 다른 사람들이 입게 되는 피해를 생각하면 영 찜찜하다.

심정적으로야 한번 봐주라고 말하고 싶지만 그것도 쉬운 일은 아닌 게 이로 인해 벌어지는 피해가 단순히 매니저들 수입만의 문제는 아닌 까닭이다. 앞서 말했지만 키스방은 단속으로부터 상대적으로 자유로운 업종이다. 그 이유는 자명하다. 공식적으로 성을 사고파는 행위가 없기 때문이다. 그런데 그게 아니라면 어떨까. 당연히 문제가 되지 않겠는가. 가게 안에서 벌어지는 일을 사정당국이 알 수 없지 않나 싶겠지만 생각보다 단속팀의 정보력은 대단하다. 어느 키스방에서 매춘이 일어나고 있다면 거의 즉각적으로 캐치하기 때문이다. 그게 가능한 건 어이없게도 손님들의 제보 아닌 제보 덕이다.

A라는 가게에서 섹스를 할 수 있다는 말을 듣고 찾아온 손님이 정작 자신은 섹스를 못하게 되면 그 분풀이를 이런 식으로 하는 경우가 왕왕 있다는 것. 경찰에 신고를 하거나 고발하는 것으로 자신의 울분을 달래려는 심산일까. 아무튼 이렇게 되면 경찰들은 반드시 그 가게를 점검해야 한다. 특별한 물증이 나올 리는 만무하니 그저 단속을 위한 시늉 선에서 그치는 게 일반적이지만 그 과정에서 손님과 매니저들에게 가해지는 불안감은 가게 매출에 지대한 영향을 끼칠 수밖에 없다. 미꾸라지 한 마리가 호수를 더럽히는 이치는 키스방에서도 유효하게 적용된다. 이런 이유로 키스방에서 섹스 하는 매

니저는 반드시 사라져야 하는 것이다.

진짜 흥분하나 아니면 연기?

키스방을 찾는 손님들이 원하는 가장 큰 바람은 자신 앞에 앉은 그녀가 잠시라도 자신의 애인처럼 굴어주기를 바라는 거다. 우린 이걸 애인 모드라 표현한다. 단순히 돈을 위해 연기하는 것이 아니라 진짜로 애인처럼 굴어주기를 바라는 그 심리를 어떻게 표현해야 할지 모르겠지만 아무튼 그걸 잘하는 매니저들은 꽤나 인기가 높은 건 분명하다. 말 한마디를 해도 곰살맞게 하고 키스를 할 때면 마치 진짜 애인과 하는 것처럼 흥분하며 달아오르곤 하니까. 그런 모습을 본 남자들은 특별한 이유가 없는 한 그녀를 다시 찾게 된다. 정말 그녀들은 손님과의 키스에 흥분하는 걸까. 나조차도 그게 궁금했다.

　모든 매니저가 다 그런 건 아니겠지만 결론부터 말하자면 적어도 반 혹은 그 이상은 '연기'를 하는 거라고 보면 된다. 물론 사람마다 다르겠지만, 아무튼 꽤 많은 경우 연기를 곁들일 때가 있다. 특히나 남자들은 내 옆에 누워있는 여자를 흥분시키는 것으로 본인이 흥분을 느끼는 경우가 많기에, 정확히는 아가씨들이 그 사실을 너무나 잘 알고 있기 때문에 30%만 좋아도 50% 좋은 것처럼 하거나, 안 좋아도 좋은 척을 해준다. 10명이면 6명 넘는 손님들이 자신의 키스나 애무가 좋냐고 물어본다. '좋아?' 노이로제가 걸릴 지경이다. 그 정도로 싫으냐고?

싫다기보다는 좋지 않다는 게 더 적절하겠다. 생각해보라. 처음 보는 남자, 게다가 그리 매력적이지도 않는 아저씨들이 입 냄새 풍기며 키스를 하거나 애무를 하는데 거기서 흥분될 여자가 그리 흔할까. 게다가 여자의 성감대에 대한 기본 지식도 없이 특정 부위만 집중 공략하는데 그게 흥분되는 일일까. 여자의 성감대는 사람마다 다 다른 법이다. 그러니 흥분하는 것도 다 다를 수밖에 없음에도 불구하고 대부분은 한곳(주로 가슴과 유두)만 물고 빠는 것으로 자신의 소임을 다한 것처럼 행동하는 남자들이 반가울리 없잖은가. 게다가 자신은 나를 만나고 나면 할 일이 끝이겠지만 난 적게는 둘에서부터 많게는 네다섯의 또 다른 애인(?)을 만나야 한다. 그 모든 애인들이 다 똑같은 짓을 하고 간다면 어떨지 생각해보라.

퇴근 무렵이 되면 온몸이 쑤시고 아플 수밖에 없는 건 다 그 획일적인 작업 과정 때문인 것이다. 맘 같아서는 나를 찾아온 손님에게 순번표라도 달아주고 싶어진다. 1번은 가슴, 2

번은 허리, 3번은 등, 4번은 허벅지 이런 식으로 만져도 좋은 부분을 특정지어주는 것이다. 그럼 여기저기 주무르는 것이니 한 부위만 시달리지 않아도 좋을 텐데. 어쩌면 그렇게 해주면 내가 진심으로 그들의 손길에서 흥분을 느낄 수 있을 지도 모를 일이다. 단 한 번도 손님의 손길에 흥분해본 적이 없는지 궁금한가?

한 번도 없었다고 말할 수는 없다. 나도 여자다. 아무리 돈 때문에 입술을, 가슴을 내어주는 일을 하고 있다고 해도 나도 여자다. 나도 때론 그들의 손길에 흥분을 느낄 때가 있다. 인간적 신뢰가 쌓인 오래된 지명과 함께라거나 처음일지라도 참 존중을 받는 순간, 더러는 정말 마음에 드는 남자라인 경우가 그에 해당한다. 정말로 여자를 흥분시키고 싶다면, 상대의 몸이 아닌 마음을 먼저 만져야 한다. 여자는 무드에 약한 동물이니까. 야동에서 본 대로 한다고 여자가 흥분할 거란 생각을 한다면 당신은 평생 여자가 흥분하는 꼴을 보지 못할 것이다. 여자는 몸으로 흥분하는 존재가 아니다. 여자는 마음의 성감대에 손이 닿는 순간 비로소 오르가즘에 빠질 준비를 한다는 사실, 잊지 말았으면 좋겠다.

매니저들의 관리 비법은?

군대에 모인 남자들이 가장 많이 하는 얘기는 뭘까? 아무래도 여자 연예인 이야기 아닐까. 특정 집단에서는 공통적인 화젯거리를 공유하며 소속감을 공유하게 마련이니까. 젊은 남자들에게 예쁘고 섹시한 여자만큼 서로를 묶어주는 것은 없을 것이다. 키스방 역시 이와 유사하다. 젊은 여자들, 특히 외모에 투자해야만 하는 여자들이 모인 곳이니 어쩔 수 없이 피부 관리 혹은 화장품 정보 공유에 열을 올린다. 남자들의 축구 사랑 따위는 비교할 수 없을 정도로 디테일한 것이 키스방 매니저들의 화장품 사랑 아닐까 싶을 정도다.

그럴 수밖에 없는 것이 남자들의 축구에 대한 애정은 그저 취미 생활에 불과하지만 키스방 매니저들은 수입과 직결되는 것이기 때문이다. 뛰어난 외모는 곧 그날의 개수로 이어지게 되는 일이다. 그렇다보니 예뻐질 수 있는 일이라면 시간과 돈을 아끼지 않게 되는 것. 물론 타고난 외모는 어쩔 수 없지만 최소한 고운 피부결이나 또렷한 이목구비를 만드는 일은 노력 여하에 따라 얼마든지 가능한 일이기에 그토록 공을 쏟는 것이리라. 대기실에서 매니저들의 말을 듣다 보면 이곳이 마치 뷰티클리닉이라도 된 것처럼 느껴질 정도로 매니저들은 피부 관리나 화장품 트렌드에 정통하다. 혹시 요즘 유행하는 신상 화장품이 궁금하다면 우리 가게로 찾아오기 바란다. 그게 무엇이든 이곳에선 어렵지 않게 만날 수 있을 거라 장담한다.

또 몸매관리도 빼놓을 수 없는 주제 중 하나다. 길이 같은 건 손 댈 수 없는 부분이니 그렇다 쳐도 체형 관리 같은 건 서로의 노하우를 털어놓으며 열변을 토하는 장면을 하루에도 몇 번씩 목격할 수 있다. 그래서 요가를 하는 친구들도 있고 잘 하는 피트니스 센터도 알려주곤 한다. 이런 건 키스방에서 일하는 자만이 누리는 특권이라고 해도 무방하지 않을까. 한 사람의 마음을 잡기 위해 이렇게까지 노력한다는 걸 사람들은 알까. 우리도 열심히 산다. 어쨌든 이곳에서 성공하기 위해 최선의 노력을 다하는 사람들, 그게 바로 키스방 매니저들이다.

신체를 자랑하는 남자, 여자

오래된 TV 프로그램 가운데 '진품명품' 뭐 그런 것 있지 않나. 골동품이나 진귀한 물건 들고 와서 전문가들이 감정하고 가격을 매기는 프로. 그거랑 똑같지는 않지만 우리 가게에서도 그 비슷한 장면들이 수시로 연출된다면 믿을래나. 그 책정 가격이 어마무시하다. 100만 불, 우리 돈으로 10억이 넘는 일도 종종 있으니 말 다했지. 그 대상은 주로 가슴이나 엉덩이, 때론 몸매에 한정된다. 내가 볼 때는 그 정도는 아닌데 말이다. 10억은 좀 심하고 한 300만 원 정도는 될 거다. 강남의 성형외과에 지불한 액수가 대략 그 정도일 테니까.

그렇게 말하는 전문가들은 바로 손님들이다. 그 사람들이 가슴이나 엉덩이에 대해 전문적으로 공부한 건지는 모르겠는데 아무튼 그런 말들을 하곤 한다. 아쉽게도 나는 그런 가격까지는 못 받아봤지만 그래도 예쁘다거나 만져보고 싶다는 정도의 평가는 얻어낸 바 있다. 그렇게 말하면 기쁠 거라고 생각하는 모양이다. 칭찬을 들은 고래가 춤 출거라는 지레짐작 때문에 그러는 모양인데 별로 춤추고 싶진 않다는 게 대부분의 매니저들의 공통된 의견이다.

하도 자주 들어서 식상하달까. 칭찬이 나쁘다는 건 아니다. 그런 칭찬으로 인해 분위기가 좋아질 수도 있으니 어느 정도는 필요하다는 것도 인정한다. 당장 우리만 해도 표준 사이즈의 물건을 너무 크다고 뻥튀기고 A컵과 B컵 사이의 지방질로 구성된 남자 가슴을 탄탄한 근육이라고 과장하고 있으니까.

혹시 그 말이 진실이라고 믿는 오빠들은 없기를 바란다. 하도 칭찬할 게 없으니 그거라도 써먹는 거니까. 다른 게 있다면 그걸 했을 거다. 근데 아무리 찾아봐도 없는 걸.

사실 몸뚱아리 말고는 칭찬할 만한 건수를 찾기가 힘들다. 그래서 이곳에선 주로 몸에 대한 칭찬을 울궈먹는 것이다. 우리는 업무상 그런 칭찬거리를 찾으려 애써왔다. 그리고 이것저것 시험해보기도 했고. 그중 가장 효과적인 것이 남자의 물건에 대한 것이란 걸 알게 된 이후로는 그곳에 포커스를 맞추게 된 것이다. 표준 사이즈보다 작은 물건은 표준이라 말해주고, 표준 사이즈의 물건은 한껏 놀라하며 크다고 말할 때마다 흐뭇해하는 그들을 보며 초를 칠 수는 없지 않은가.

그러고 보면 손님들이 우리한테 하는 칭찬도 비슷한 건가 싶다. 니 가슴 예쁘다거나 엉덩이가 착 올라간 것이 촉감이 끝내준다는 말도 그런 건가. 조금은 슬프다. 역시 칭찬은 좋은 것인 게 확실하다. 고래를 춤추게 하지는 못하더라도 입꼬리를 올라가게 만들 정도의 위력은 분명히 있는 모양이다. 그래서 오늘도 우리는 밀실에서 가슴의 등급을 매기고 물건의 길이를 잰다.

키스방 메커니즘

남자들의 가장 많은 질문

아무래도 가장 많은 비중을 차지하는 질문은 역시나 섹스에 관련된 것이다. 가끔은 정치나 경제에 관한 생뚱맞은 질문을 하는 손님도 없는 건 아니지만 그건 극히 드문 케이스다. 그런 사람을 만나면 잠시 멍해질 정도라면 이해가 가겠지. 장소가 장소니 대부분의 질문은 섹스와 관련이 있다고 보면 된다는 거다. 그런 질문을 하는 의도는 너무도 분명하다. 혹시나 이 여자와 부담 없이 섹스를 할 수 있지 않을까 하는 기대감의 투영인 것이다. 냉정하게 말하자면 그거야말로 떡 줄 사람은 생각도 않는데 김칫국부터 마시는 일이다. 그들도 대충은 알고 있다. 그래도 포기하지 않는 걸 보면 참 대단한 의지를 지녔구나 싶긴 하지만.

순서대로 짚어볼까. 요즘은 가게에 오는 사람들이 대부분 홈페이지를 통해 이름이나 나이, 신체 사이즈 같은 걸 알고 오니 그에 관한 질문은 그리 많지 않다. 간혹 이미 공개된 정보들이 사실인지를 확인하는 과정 정도는 있지만 그거야 눈으로 직접 보면 대충은 알 수 있으니 곧 다음 질문으로 넘어간다. 실제 직업은 무엇인지, 사는 곳은 어디인지, 조금 더 진지한 접근을 하는 사람들이라면 왜 이 일을 하는지 정도? 그 후에 이어지는 질문들에 약간의 순서나 시간차는 있지만 정확히 다음과 같다. 남자친구는 있니? 섹스 좋아하니? (덧붙이자면, 언제 쉬니?)

때로는 그런 사람들이 귀엽게 느껴지기조차 한다. 남자들이란 결혼을 했건 혹은 여자친구가 있건 대부분은 이렇다. 그렇게 여자가 좋은 걸까? 하긴 성욕이 왕성한 사람이 밖에서 일도 잘 한다고 하는 연구도 있으니 그걸 마냥 탓할 건 아닐 것이다. 하루에도 수십 차례 섹스를 떠올리는 동물이니 어쩌면 당연한 것일 수도 있다. 어차피 키스방이란 곳이 그런 판타지를 일정 부분 충족시킬 목적으로 만들어진 것이니 그게 더 자연스러울 지도 모를 일이다. 그래서 우리가 돈을 버는 것이기도 하고.

아무튼 그런 질문들은 우리에겐 너무도 익숙한 것이 사실이다. 참 속 보이는 질문이지만 그럴 때마다 그 사람이 상상할 만한 대답을 해주는 것 또한 이 일을 하며 체득한 노하우라고 해야겠지. 매니저에 따라 차이가 있겠지만 대부분의 매니저들 역시 나와 크게 다르지 않다. 물론 그 손님이 호감형이냐 진상이냐에 따라서 약간은 다른 대응을 하겠지만 말이다. 만약 진상이 그런 질문을 해왔다면 당연히 사전에 그런 시도를 차단할 대응책을 구사한다. 현재 자신에게 남자 친구가 있으며 그와 불꽃 튀는 열애 중에 있다는 식의 대답이 그것. 한 술 더 떠 그 남자 친구의 섹스 테크닉은 황홀할 정도여서 다른 남자와는 도무지 섹스 할 마음이 안 생긴다고도 할 수도 있다.

근데 반대의 경우는 어떨까? 사귀고 있는 남자 친구도 없는 존재가 되기도 하고 그래서 외로움에 몸서리 치고 있다고 미끼를 던지기도 할 것이다. 굳이 그 손님과의 썸씽을 꿈꿔서라기보다는 그를 자신의 충실한 추종자로 만들기 위한 사전 작업인 것이다. 그러나 이런 것도 수위 조절을 잘 해야 한다. 잘못 했다간 팔자에도 없는 스토커를 만들어 낼 수도 있기 때문이다. 소위 에이스라 불리우는 언니들이 이런 걸 아주 잘 한다. 그래서 많은 손님들이 그녀를 만나기 위해 아침부터 전화기를 붙잡게 되는 거다. 나는 어떠냐고? 나 같은 경우엔 내가 봐도 별로다. 좀 더 애교도 부리고 그 남자의 품에 매달리기도 해야 할 텐데, 그게 체질적으로 쉽지 않은 까닭이다.

남 : (밝게 웃으며) 안녕? 네가 OO이니?

　여 : 네, 오빠. 안녕하세요. (너는 진상이 아니겠지. 제발 진상짓 좀 하지마라. 안 그래도 피곤해 죽을 지경이다.

남 : 응, 여기 앉아. 와 너 몸매 죽인다.

　여 : 어우~ 오빠, 내가 한 몸매 하지. 근데 오빠도 몸매가 죽이는데. 운동 좀 하나보다. (나이도 많은 것 같지 않은데 배가 왜 그러는 거니. 제발 운동 좀 해라)

남 : 응. 내가 운동 좀 하지. 가슴 한번 만져볼래? 완전 단단하다고.

　여 : 안 만져봐도 알겠네. 호호. (나도 안 만질 테니 너도 내 가슴 만질 생각은 하지 마라.)

남 : (자연스럽게 허리를 안으며) 이리 와봐.

　여 : 왜 이렇게 서둘러? 우리 시간 많으니까 천천히. 기다

리면 내가 먼저 갈 텐데(오늘도 진상이네. 이상하게 오늘 일진이 나쁘더라니.)

남 : 니가 너무 예뻐 보여서 그렇지. 누가 그렇게 예쁘래?

　여 : 여자를 기쁘게 하는 멘트 배우는 학원 출신이야? (완전 느끼하거든. 그런 말 하도 들어서 아무 감흥도 없거든.)

남 : 학원은 무슨? 사실이 그런데. 너 몇 살이야? 스물셋?

　여 : 정답. 어떻게 척 보고 알아? (내가 몇 년 전에 스물 셋이었더라. 기억도 잘 안 나네. 거짓말인 거 아는데 그래도 좋긴 하네, 흐.)

남 : 오빠는 몇 살 같아?

　여 : 흠, 보자. 스물여덟?(거기서 열 살 더하면 되겠네.)

남 : 하하하. 그보다는 약간 많아. 하긴 내가 동안이긴 하다만.

여 : 정말? 난 사실 스물여덟도 아닌 줄 알았어. 완전 관리 잘 했다.(피부 보아하니 세수도 안 한 것 같구면.)

남 : 관리는 무슨? 그냥 세수만 하고 다니는데.

여 : 좋겠다. 세수만 해도 그 정돈데 로션 바르면 여자가 줄줄 따르겠다.(여자가 있으면 니가 이런 데 오겠냐?)

남 : 여자 지겹다. 그나저나 넌 학생?

여 : 네, 아직 학교 다녀요. (졸업한 지가 언젠데. 그래도 생각해보면 학교 다닐 때가 좋았어.)

남 : 와, 그러면 힘들겠다. 학교도 다니고, 일도 하고? 되게 성실하구나 너.

여 : 아, 지금은 휴학했어요. 그런데, 뭐 개인적으로 일이

있어서 잠깐씩 나가기는 해요. 매일매일 일만 해요.

남 : 아, 그래? 그럼 하루 종일 일해?

여 : 뭐, 하루 종일은 아니고 아무튼 거의 매일 나와요. 일
주일에 5-6일?

남 : 그럼 언제 쉬어~ 남자친구도 못 만나겠다.

여 : 아, 그런 거 없어요. 남자친구가 뭐야? 백화점 가면
팔아요? (남친님 미안 . 먹고 살려면 이렇게 해야 돼. 이해
하지?)

남 : 야, 너 같은 애가 왜 남자친구가 없어? 뻥이지?

여 : 아 진짜 없다니까. 안 그래도 며칠 전부터 계속 외로
운데 자꾸 건드릴 거야?

talking

남자들의 흔한 질문 (실제 사례)

남 : 헐. 언제부터 없었어?

　여 : 음, 한 1년? 아, 11개월 정도 됐네요.

남 : 그러면 외로울 땐 어떻게 해결해?

　여 : (한개도 안 외로워. 남자 다 귀찮아.) 음, 뭘 그런 걸
　　물어봐~ 몰라 몰라. 지금은 오빠가 내 남자친구지~^^

남 : 혼자 살아? 오빠랑 오늘부터 사귈까? 남친이랑 안한지 얼마나 됐
　　어? 오래됐어? 안 고파?

　여 : 그럴까? 근데 오빠는 여친 있어 보이는데. 괜히 잔잔
　　한 여자 가슴에 불 지르지 마. 나 상처 받아.(내가 너랑 왜
　　사귀니. 아무리 외로워도 그건 사절이네.)

남 : 여친 없어. 있어도 너 같은 여자라면 사귀고 싶어지는 게 남자라
　　고. 오늘 몇 시에 끝나? 끝나고 오빠랑 술 한 잔 할래? 아니다, 영

화 볼까?

여 : 나 영화 별로 안 좋아해. (이렇게 말하면 알아듣겠지. 그냥 시간만 채우고 나가주라 제발.)

흔한 작업 멘트

"맛있는 것 사줄게, 다음에 밖에서 한 번 보자."

내가 가장 많이 들은 작업 멘트가 바로 이거였다. 설마 이 말이 정말 맛있는 걸 먹자라는 뜻으로 이해할 여자가 있을 까? 그 사람이 내 아빠가 아닌 이상 비싼 돈 들여 맛있는 것 만 사주고 헤어질 리는 없을 테니까. 그들이 원하는 것은 지 극히 가볍고 한 줌의 부담도 없는 그런 관계로의 발전이다. 남자 입장에서 이것보다 좋은 게 있을까. 애인이나 와이프처 럼 수시로 챙겨야 할 이유도 없고 기념일이라서 이벤트를 해 줄 필요도 없는 관계. 그냥 만나서 가까운 모텔에 들어가 등 줄기에 땀이 맺히도록 격렬하게 몸을 섞을 수만 있다면 이보 다 더 좋은 일은 없을 것이다.

그들에게 키스방 매니저들을 비롯한 유흥가 여자들은 이런 관계를 맺기에 최적의 상대라고 생각되는 존재인 것이다. 까 놓고 말하면 그들이 키스방을 찾는 궁극적인 이유가 이것일 지도 모른다. 우리 입장에서야 나쁠 건 없다. 그런 기대감을 약간씩 충족시켜 주기만 하면 일주일에 한 번, 심하게는 매일 출근 도장을 찍어줄 테니까. 그리고 그 출근 도장은 곧 언니 들의 통장에 수치를 늘려줄 테니까. 한 가지 말해 두자면 아무리 번지르르한 작업 멘트라 해도 산전수전 다 겪은 언니들에겐 큰 효력을 발휘하지 못한다는 것이다. 그러니 작업 멘트 날릴 시간에 그냥 키스나 하고 있는 게 더 나을 걸.

다른 유흥업소도 많은데 왜?

일단은 가격적인 메리트를 들 수 있다. 적게는 4만원, 많아도 7만원이면 아무도 없는 둘 만의 공간에서 어느 선까지는 끈적끈적해질 수 있다는 것. 요즘 말로 가성비가 뛰어나다는 점이 그것이다. 주머니 사정이 어려운 이들에겐 최선은 아니더라도 차선의 선택이기에 키스방을 찾는 것이다. 물론 그게 다는 아니다. 키스방에선 다른 유흥업종에서는 찾을 수 없는 장점도 분명 존재한다. 약간의 예외는 있겠지만 대부분은 1시간 정도의 시간을 선택하는데 그건 짧게 치고 빠질 수 있기 때문이다. 유부남들은 오랜 시간 놀 수 없는 환경에 처해있는데 그런 걸 고려해보면 쉽게 이해가 갈 것이다.

그러나 이게 키스방을 찾는 가장 큰 이유는 아니다. 이건 내 지명에게서 들은 이야긴데 그는 이곳에 와서 나랑 대화하고 키스를 할 때 편하다고 했다. 마치 애인과 으슥한 카페 구석에 앉아 사랑을 나누는 느낌이라는 게 그의 말이었다. 그렇다. 많은 남자들이 이곳에 와서 나름의 방식으로 설레하는 것이다. 때론 섹스를 꿈꾸기도 하고 또 때론 지친 몸을 여인의 가슴에 파묻은 채 일상의 스트레스로부터 탈피하는 것일 수도 있다. 그게 무엇이든 위안을 얻는다는 것만은 분명하다. 우린 이걸 가리켜 키스방의 순기능이라고 말한다. 당신이 믿건 아니건.

후기는 왜 쓰는가?

인간은 기록의 동물이라는 말을 들어본 적 있다. 그래서일까? 아니다. 불행히도 이곳을 찾는 남자들이 후기를 쓰는 이유는 그걸 기록하기 위해서가 아니라 자신의 무용담을 자랑하기 위해서라는 게 더 올바른 이유일 테니까. 그들은 자신이 후기를 남김으로써 그날의 전과를 자랑하려는 것이다. 참 단순한 사람들이다.

"피부가 너무 좋아서, 손이 미끄러지는 줄 알았습니다."
"뱀처럼 휘감는 키스를 구사하는 OO 매니저, 여친처럼 품에 안겨 있는데 잘록한 허리 때문에 힘이 불끈!"

"아이유 싱크로 75%, 웃는 모습이 상큼한 △△이를 보고 있자면, 그저 행복하다는 생각만 듭니다.""에이스는 역시 에이스더군요. ㅁㅁ 매니저의 D컵에 얼굴을 묻고 보낸 1시간은 1분처럼 지나갔습니다."

〈바닥에 떨어진 키스방 명함이 있어서 연락했더니, 바로 모시겠다고 하여 업소를 향해 발길을 돌립니다. 지하계단을 통해 내려가니, 업소 문에서 마침 손님으로 보이는 한 남성이 맞닥뜨리게 됐는데 잘 아는 지인과 얼굴이 똑같아서 순간 당혹함을 감출 수 없었네요. 다시 마음을 추스르고 화장실로 안내하며 양치질 하고 방에 들어가 기다리니, 아가씨 입장, 달라붙는 원피스 비슷한 옷을 입 고 왔네요. 제가 좋아하는 육덕입니다. 얼굴은 그냥 평범합니다. 그러나 저를 보고 웃는 얼굴에 괜히 조금 설레였습니다. 욕망이란 놈의 수작질인 모양입니다. 스킨십에는 머뭇거리며 무서워하는 느낌이 들어 이런저런 얘기하다보니 30분이 흘러 연장하게 되었네요. 치아교정중이라 키스를 잘못한다고 하여 껴안고 가슴도 만져보고 엉덩이도 만져보고 입맞춤을 하였네요. 젊었을 적엔 잘생겼을 거 같다며 칭찬을 해주니 고마웠네요.〉

그리고 후기를 씀으로서 얻게 되는 실제적인 이득도 있다.

약간의 차이는 있겠지만 대개의 키스방들은 후기를 남긴 회원들에게 가격 할인을 제시하기 때문이다. 평균적인 키스방의 가격대는 1시간에 7만원이라고 보면 된다. 그런데 후기를 남기면 5,000원 정도 할인해주는 마케팅 전략을 구사하는 곳이 많다. 그러니까 후기를 남긴 회원이라면 남들보다 적은 65,000원에 1시간을 이용할 수 있다는 것이다. 경제적인 이득만이 전부는 아니다. 자신이 좋아하는 매니저의 이름을 거론함으로써 그녀가 자신을 기억하게 만들려는 목적도 있다. 요즘 키스방은 거의 온라인 마케팅에 치중하기 때문에 사장, 실장은 물론 매니저들도 웬만한 후기글은 모니터링 하는 경우가 많다. 특히 자신과 관련된 후기라면 더욱 그렇다. 그래서 자신을 칭찬하는 글을 보면 당연히 그 글을 쓴 사람이 누구인지를 보게 될 테고, 이는 곧 더욱 친밀한 유대 관계를 형성하는 계기가 되기 때문이다.

키스방뿐 아니라 다른 많은 유흥업종들도 온라인마케팅에 치중하는 시대다. 그를 보여주는 것이 우후죽순처럼 생겨난 후기 사이트. 사람들은 이런 곳에서 자신들의 구미에 맞는 업소들을 찾는다. 우리 가게 역시 마찬가지다. 찾아오는 손님 열 명 중 서넛 정도는 후기 사이트에서 정보를 보고 온 경우이기 때문. 상황이 이러니 후기를 무시할 수 없게 된다. 때론 이런 후기의 파급력을 악용하는 이도 있지만 그건 어쩔 수 없는 일이라고 생각한다. 만약 이런 게 없다면 우리 수입은 절반으로 줄어들 수도 있으니 우리로선 고맙게 생각한다. 단적으로 말하면 요즘 유흥업소들은 이런 후기 사이트 덕에 먹고 산다고 해도 그리 어색하지 않다는 거다. 그런 곳들은 어떤 구조란 걸까.

후기 사이트의 기본 구조

기본적으로 후기 사이트는 삼각 구도로 구성되어 있다. 온갖 종류의 유흥을 검색할 수 있는 포털을 제공하는 호스트와 해당 사이트에 제휴를 맺은 다수의 업체들, 그리고 그를 통해 정보를 취득하고 직접 이용하는 회원들. 키스방 뿐만 아니라 립카페, 오피 등 많은 유흥업소들이 각 사이트에 매월 소정 금액(무료인 사이트부터 많게는 매달 4~50만원까지 지불)을 지불하고 제휴를 맺는다. 해당 금액에 대한 대가로 업소들은 각자의 출근부를 올릴 수 있다. 어떤 신체 조건을 가진 아가씨가 몇 시부터 얼마간 일을 할 것인지를 적어 올리고, 예약을 잡는다. 또한, 후기 사이트에서는 업체 측에 무료 이용권 또는 원가 이용권을 할당한다. 이런 무료/원가 이용권들은 당 사이트에서 참여도가 높은 회원들을 무작위로 추첨하게 배부하고, 이용권을 받은 회원들은 해당 업체에 방문하여 매니저를 만난 후 후기를 작성한다. 노동을 대가로 지불하고, 그들이 원하는 이익을 얻는다.

앞서 말했다시피, 유흥 일은 원천적으로 불법적인 일인지라, 업소에게도 손님들에게도 아주 유용할 수밖에 없다. 업소 입장에서는 보다 더 자유롭게 다양한 방법으로 홍보를 할 수 있고, 손님들도 원할 때마다 언제든지 원하는 방식으로 욕정을 해결할 수 있다. 뿐만 아니라, 손님들의 후기글을 통해 가게는 해당 아가씨를 노골적으로 홍보하고 그 덕에 가게도 아가씨도 많은 돈을 벌 수 있다. 손님들은 활발한 참여를 통해 무료 또는 원가로, 신나는 경험을 할 수 있다. 물론, 그 덕에 후기 사이트는 막대한 돈을 벌 수 있다. 이렇게만 보자면, 후기 사이트는 모두가 함께 윈윈하는 은혜로운 곳으로 보인다. 과연, 이렇게 순기능만 존재할까?

후기 손님 관련 prologue

지금은 온라인 시대다. 물건을 살 때도 온라인을 통해 사고 자신이 원하는 정보도 도서관 대신 책상 앞에서 컴퓨터를 통해 취득하니까. 유흥 역시 마찬가지다. 극소수의 오프라인 손님만 상대하는 업소를 제외하고, 최소한이라도 온라인 제휴를 걸어서 장사하는 가게라면 온라인 마케팅을 소홀히 할 수 없는 구조인 것. 당장 우리 가게만 해도 온라인 영업에 공을 들이고 있으니 다른 가게라도 별다를 리는 없을 것이다. 자신이 홈페이지나 후기 사이트를 보고 왔다고 말하지 않는 사람들조차도 이야기할 때 보면 후기 사이트에서나 씀직한 단어들을 말하는 걸 보면 그들 역시 후기 사이트를 검색하고 왔음을 쉽게 알 수 있다.

현재 후기 사이트들은 상당히 많다. 물론 그중에 사람들이 주로 이용하는 곳은 다섯 손가락 안에 꼽힐 거고. 일단 우리 가게를 예로 들어보자. 내가 아는 것은 그게 다니까. 한 달을 기준으로 볼 때 사이트별로 업소에 3~4장 정도의 무료권을 배정하니, 3개 사이트만 가입을 해도, 10명 이상의 후기 손님들이 다녀간다. 원가(1시간에 4만원) 이용권, 심지어는 무료 이용권 등을 배정받은 손님들은 자신이 원하는 아가씨들을 만나서 1시간을 보내고, 후기를 쓴다.

후기를 잘 쓰면 잘 쓸수록, 다음에 또 후기 이벤트에 당첨이 될 확률이 높아지고, 해당 사이트의 회원들 사이에서 지명도가 높아지기 때문에 이런 손님들은 후기를 쓰는 데에 엄청난 공을 들인다. 최대한 야하고 자극적인 미사여구를 동원할 뿐만 아니라, 가능한 선에서 가장 자극적인 사진을 찍는다. 웃긴 건 이런 사람들이 쓰는 장비다. 기자도 아닌데 카메라 기자들이나 쓸법한 고가의 카메라와 렌즈를 들고 다니는 사람들. 솔직히 그런 사람들이 반갑지만은 않다. 그들은 자신의 말을 안 들으면 내상 후기를 쓴다며 우리를 위협하기도 하니까. 한마디로 양아치라고 해도 무방할 것이다.

아무튼 이런 후기 사이트들이 활성화되면서 우리에게 이득이 생기기도 하지만 반대로 역작용이 일어나기도 한다. 원래 자극이란 건 점점 더 크기를 늘려가는 눈덩이 같은 것이다. 그래서 후기도 점점 더 야해지고 보다 더 전문화되고 있는데 그를 가능하게 하려면 우리 매니저들의 협조는 필수적이다. 심지어는 사진을 찍을 테니 포즈를 취해달라는 사람마저 생기는 것도 다 그 때문이다. 안 해주면 되지 않냐고? 그게 쉽지 않다.

일단 꼼꼼하게 기록된 후기에 자신의 이름이 오르면 찾는 손님이 늘어난다는 게 문제다. 요즘 유행하는 맛집 프로그램에 소개된 식당에 사람이 몰리는 것과 같은 이치다. 당연히 수입은 늘어나겠지. 돈을 벌려고 이곳에 나온 언니들 입장에서는 거부할 수 없는 유혹인 셈이다. 그러나 그 유혹 뒤에 따르는 대가는 꽤나 고통스러운 게 사실이다. 그래서 많은 아가씨들이, 아니 열 명이면 아홉 명은 이놈의 후기를 꽤나 싫어한다. 넌더리가 난다고나 할까.

다른 언니들도 그랬지만 나 역시 그랬다. 어쩌다 보니 나도 이런 후기 사이트에 등장한 적이 있었는데 그 파급 효과가 상당했다. 후기에 이름이 오른 후 며칠 동안은 나를 지정한 손님들이 평소의 두 배 가까이 늘었다. 그게 나쁜 일은 아니겠지만 딱히 좋은 일도 아니란 걸 깨닫는 데는 그리 오랜 시간이 필요치 않았다. 원래 글이란 건 필연적으로 과장이 섞이게 마련이다. 내 외모도 더 부풀려질 테고 내 서비스 역시 눈덩이처럼 포장되었던 것. 그 글을 보고 나를 찾은 손님은 당연히 그만큼, 혹은 그 이상의 무언가를 기대하고 왔을 것이다. 그러나 그만큼 한다는 건 거의 불가능에 가까운 일이다. 모두에게 그런 서비스를 제공하는 건 무리란 말이다. 결국 나는 백기를 들었다.

당장 실장에게 접견 신청을 내 앞으로는 후기 사이트에 이름이 오르지 않았으면 좋겠다고 밝혔다. 만약에 후기를 쓰는 손님이라면 가급적 다른 매니저들을 통하게 하라는 부탁도 함께. 처음부터 나 후기 쓰는 사람이오 하는 건 아니니 일일이 다 가려 받을 순 없겠지만 혹시 그런 사람이 내 방에 오면 가급적 양해해달라는 부탁을 하기도 했다. 세상에 공짜는 없는 법이다. 그가 나를 위해 무언가를 해준다면 나 역시 그를 위해 무언가를 베풀어야 하는데 난 그게 그리 달갑지 않았다. 난 지극히 현실적인 사람이다. 내가 받은 돈 이상의 그 무엇을 굳이 해야 할 필요를 못 느끼겠다는 말이다. 이건 굳이 나만 그런 건 아니다. 대부분의 매니저들도 후기 손님을 꺼려하는 편이니까. 돈을 잘 벌게 해준다는데도 싫다면 거기엔 그럴 만한 이유가 있겠지.

후기 손님에 대한 후기

후기 손님이 처음부터 싫었던 건 아니다. 그리고 후기를 쓰는 사람이라고 무조건 싫은 것도 아니다. 그저 안 좋은 기억들이 하나둘씩 쌓이고 나니 은연중 꺼려하게 된다는 거지. 그들의 독단적인 행동은 마치 자신들이 갑이고 내가 을인 것처럼 느끼게 만들었던 것이다. 지금도 그중에 몇몇은 또렷이 기억이 난다. 그중 가장 인상 깊었던 사람은 소위 말하는 후기계의 스타란 사람이었다. 사람들은 후기로 유명한 사람이라고 하면 왠지 근사한 스타일일 거란 생각을 하는데 그거야말로 글이 가져다준 착시다. 실제로 만나고 보면 예상과는 전혀 다른 모습에 놀라게 될 테니까. 내가 그랬다. 그날 내가 만난 사람은 후기 사이트를 본 사람이라면 누구나 알 정도로 유명한 사람이었다. 글로만 보면 꽤 핸섬할 것 같지만 실제로 본 그 사람은 그냥 아저씨였다. 그것도 길거리를 지나다보면 1분에 한명을 볼 듯한 후줄그레한 그런 타입의 아저씨. 머리도 약간 벗겨지고 배도 튀어나오고 얼굴도 그저 그랬던 그 사람은 보무도 당당하게 우리 가게로 와 자신의 명성을 과시했다.

후기를 쓴다고 하면 내가 질색을 하게 된 가장 큰 동기가 된 사람이기도 한 그 사람은 자신이 얼마나 대단한 사람인지를 한바탕 역설하고는 갖가지 진상짓을 다 부렸었다. 자신의 말을 잘 안 들으면 이 바닥에서 일하는 게 쉽지 않을 거란 협박 비슷한 것도 하는 것까지는 그냥 그랬다. 그냥 허세 부리는 것에 불과하니까. 그렇지만 정해진 시간을 넘겨서까지 나를 괴롭히는 건 아니지 않을까. 그 사람 때문에 뒤에 예약된 사람들도 계속 딜레이 되었지만 그 사람이 유명한 후기 작성자라는 사실 때문에 가게에서도 어쩌질 못했다. 시간이 돈인 곳에서 그것보다 나쁜 건 없다. 이런 소소한 권력으로도 갑질을 해대는 게 너무도 못 마땅했지만 실장이나 사장도 어쩌지 못하는 데 내가 뭐라고 그를 닦달할까. 아무튼 그 사람 덕에 난 후기 작성자라고 하면 치 비슷한 걸 떨게 된 게 분명하다.

이 사람 말고 한 사람 더 있다. 역시 후기를 쓴다는 말로 나를 옥죄었던 사람인데 생긴 건 반반했다. 그러나 하는 말들은 그 반반함과는 전혀 매치되지 않았던 걸로 기억된다. 자신이 온라인 마케팅 전문가라며 자신의 손을 타기만 하면 이 바닥에서 뜨는 건 시간문제라고 호언장담하던 그. 완전 느끼했지만 그래도 내 일은 해야 했다. 일단은 칭찬부터 시작했다. 오빠 너무 대단하다고. 잘 부탁한다고. 잘 부탁하기는 개뿔, 제발 다음부터는 다시 찾지 말라고 하고 싶을 정도였다.

내가 자신의 덫에 걸렸다고 생각했는지 그 이후부터 가관이 아니었다. 정해진 수순을 넘어선 건 물론이고 아주 대놓고 섹스까지 말하던 그 사람은 금세라도 내 팬티를 내릴 것처럼 행동했었다. 그래도 구력이 좀 생겼던 지라 그의 완력을 적당히 커버할 수 있었던 게 불행 중 다행이랄까. 그 두 명을 만나고 나니 이젠 후기 손님이라고 하면 두 번 다시 만나고 싶지 않아진 것이다.

그나마 나는 운이 좋은 편에 속한다. 다른 언니의 경우엔 이보다 더 심한 일도 종종 있었으니까. 지난번 한 손님을 받았던 언니는 눈물 콧물 짜내며 10분 만에 나왔다. 무슨 일이 있었냐고 묻는 말에 차마 제 입으로는 꺼내기도 싫다며 세상을 잃은 사람처럼 우는 것이 아닌가. 간신히 달래서 이야기를 들어보니 다음과 같았다. 들어가자마자, 너무나도 당연하게 소파 옆 테이블에 콘돔을 올려놓으며 옷을 벗으라고 했다고 한다. 그런 곳 아니라고 하니, "키스방 바닥에 너 같은 애들이 몇 명이나 있을 것 같아? 얼굴도 평범하고 몸매도 그따구면 벗어. 오빠가 좋은 말 써줘야 너 같은 애도 돈을 벌지. 나도 너랑 별로 안 땡겨."라는 가혹한 대답이 돌아왔다고 한다. 수치심과 모멸감을 이기지 못한 그 친구는 가만히 앉아서 생각을 좀 해보다가 눈물을 참을 수가 없어서 헛소리 집어치우라는 말을 던지고 뛰쳐나왔다.

위의 사례들만 봐도 알겠지만, 후기 손님들 중 상당수가 꼴같지도 힘을 악용하는 경우가 심심찮게 발생한다. 우리 일이 간 쓸개 다 빼놓고 웃음을 팔고 때론 그 이상의 것들을 제공해야 하는 것은 맞지만 그렇다고 인격적인 모멸을 감수해야 하는 것은 아니잖은가. 그들은 우리에게 보다 많은 돈을 벌어주겠다고 장담하지만 이런 식으로 버는 건 바라지 않는다. 우린 그저 정해진 규칙 안에서 최대한 성심성의껏 노력하고자 할뿐이다. 이런 인간들이 권력자 마냥 행세하는 사회라면 그 사회가 제대로 굴러갈까. 전혀 아니다. 물론 그들이 권력자도 아닌 건 확실하다. 그저 약간의 재주를 가진 것뿐인데 그런 재주를 악용하는 꼴이라니.

그렇다고 모든 후기 작성자를 매도하려는 뜻은 아니다. 어디서건 물을 흐리는 것들은 극히 일부에 불과하니까. 후기 사이트의 글을 작성하는 대다수 일반인(?)들은 그저 그 날의 추억을 회상하고 운이 좋으면 오천 원 할인권을 얻는다거나 무료 이벤트 당첨을 희망하는 사람들임을 밝힌다. 자기가 만났던 아가씨가 정말 마음에 들고, 그녀에게 고마워서, 줄 수 있는 게 정성스런 후기뿐이어서 그 정도 도움이라도 주려는 의도로 굳이 시간을 내어 후기를 써주는 사람들. 이 분들에게는 그저 고마울 따름이다. 외려 겸손해지기까지 한달까.

그나마 괜찮은 남자

너무 튀어도 너무 가만있어도 인정 못 받는 곳, 바로 어린 시절 겪었던 미팅 장소에서의 일이다. 왜 그런지는 몰라도 항상 앞서서 미팅 분위기를 주도하던 놈은 마지막엔 애프터를 못 받기 일쑤였고, 꿀 먹은 벙어리처럼 멀뚱멀뚱 자리만 보전하던 녀석 역시 처절한 패배를 맛보는 곳이 바로 미팅 때였다. 그러니까 성공 확률이 가장 높았던 친구는 중간 정도 하던, 적당히 말하고 적당히 듣고 적당히 웃고 적당히 맞장구치던 그런 놈이었단 거다. 논어에서 말하는 중용이란 게 이런 건가 싶어질 정도였다. 나이가 조금 들면서 알게 되었다. 적당히 하고 산다는 게 얼마나 힘든 일인지를.

키스방에서 일하면서 그 사실을 다시 한 번 깨닫는 중이다. 일을 하는 내 입장에서도 이렇게 적당히, 중간 정도의 페이스를 유지해야 한다는 사실을 잊지 않으려 애쓰는데 그게 이일을 오래 유지할 수 있는 기반이 된다는 거다. 사실 키스방이 말 그대로 키스만 하는 곳은 아니란 건 분명하다. 그보다는 조금 더 심화된 과정이 존재하는 곳이니까. 그렇다고 해서 너무 많은 서비스, 즉 기본 수위 이상의 서비스를 해야겠다는 생각은 없다는 뜻이다. 그렇게 하면 조금 더 많은 돈을 벌 수는 있다. 그게 팁이건 혹은 다른 무언가에 대한 대가이든.

이 적당히가 더 필요한 건 우리 매니저라기보다는 손님의 행동에 있다. 중간 정도만 하고 가는 손님, 즉 너무 과하게 요구하지도 않고 그냥 시체처럼 멍 때리다 가지도 않는 그런 손님들이 좋다. 적당히 키스하고 적당히 이야기하고 적당히 더듬다 가는 사람들. 그런 사람들은 잘 기억에 남지는 않지만 일을 하고 나오면 가장 피곤함이 덜한 사람들이기 때문이다. 냄새가 나거나, 특별히 이상한 행동을 하지도 않고, 무리한 요구도 없고, 뭐든지 적당 적당히 즐기다가 뒤끝 없이 떠나는 그런 손님이야말로 키스방 매뉴얼에 최적화된 사람일 거라 생각한다.

그런데 말이지. 이미 알고 있겠지만 이게 참 쉽지 않은 일이다. 통계적으로 보면 다섯 명에 한두 명 정도가 이렇고 나머지 서너 명은 불행히도 진상 아니면 시체군에 속하기 때문이다. 중간 정도 가는 일이 이렇게 만만찮은 일이 아니란 게 더 놀랍지만 불행히도 이게 현실이다. 진상은 그렇다 쳐도 시체놀이 하는 사람도 반갑지 않은 이유가 궁금하다고? 구인광고상의 글을 떠올려 보자. 매너 좋은 오빠들과 차 마시며 일하는 일이 키스방의 주업무였단 그 말 말이다. 어쨌든 우리 일은 상당 부분 서로 교감하는 데 있다. 그 방법이 키스건 혹은 대화건. 사실 키스하는 시간은 절대 시간으로 보면 그리 오래지 않다. 그보다는 이야기를 나누는 시간이 훨씬 많기 때문이다.

그런데 아무 것도 안 하는 사람을 만나면 참 시간 보내기가 뻘쭘해진다. 뭘 물어도 단답형의 대답뿐이고 심지어는 키스를 해도 물에 물 탄듯 술에 술 탄듯 미적지근하면 우리 입장에서도 꽤나 난감하기 때문이다. 하나 팁을 주자면 키스를 할 때 열중 쉬어 자세로 있는 것보단 오히려 자연스레 가슴이나 등을 어루만지는 게 더 낫다. 그 정도를 싫어할 키스방 매니저는 없으니 하는 말이다. 떡 주무르듯 가슴을 만진다거나 팬티 속으로 쑥 들어오는 정도만 아니라면 자연스레 반응하라고 말하고 싶다. 이런 손님을 만나면 1시간이 꽤 길게 느껴지거든. 우리도 이왕이면 즐겁게 시간을 보내고 싶다.

물론 이런 시체형도 진상보다는 백배 낫다. 진상은 정말 짜증난다. 왜 이리 진상이 많은 건지. 밖에서 만나면 멀쩡했던 사람도 이곳에서는 진상으로 변신하기 일쑤인 현실이 안타깝기만 하다. 한 가지 팁을 주자면 말이지. 굳이 진상짓을 한다고 더 많이 가져가지도 못한다는 것이다. 적당히만 하면 내 가슴을 만져도 아무 제지 않겠지만 예고도 없이 들이닥치면 본능적으로 방어하는 게 여자다. 그러니 진상짓을 해봐야 이득이 될 것도 없다는 말이다. 제발 좀 적당히 하자.

이건 약간 다른 말인데 난 개인적으로 군바리 아저씨들이 그렇게 반갑더라. 아무래도 나이가 이십대 초반인 친구들이다 보니 그렇게 능수능란하지 못해서일까. 서투르게 키스하는 모습도 맘에 들고 무슨 말만 하면 즉각적으로 반응하는 신선함 역시 재미지기 때문이리라. 피같은 월급을 쪼개서 와서일까. 최대한 노력하는 그들을 보면 하나라도 더 해주고 싶어진다니까.

Q : 그나마 괜찮은 손님은 어떤 사람들이야?

A : 예전에 보통 사람들의 시대란 슬로건 있었잖아요. 그런 보통 사람들이 괜찮아요. 극히 평범한, 그러니까 적당히 순수하고 또 적당히 때가 묻은 그런 사람들이죠. 키스도 적당히, 터치도 적당히, 대화도 적당히. 뚜렷한 임팩트는 없지만 그래서 한 달 후에 다시 오면 기억 못 할 가능성이 크지만 그런 사람들과 보내는 시간이 그나마 수월한 것 같아요. 그게 오히려 어려운 일이란 걸 여기 와서야 알았다니까요.

Q : 키스를 안 한다거나, 터치를 안 하는 등의 손님들은 괜찮은 손님 아닐까?

A : 아무 것도 안 하고 1시간 동안 있는 손님들이 없는 건

아니에요. 그런데 있죠. 우리가 일을 하기는 하지만 그래도 일방통행 식으로 상대하는 건 별로예요. 그럴 거면 여기 올 필요가 없죠. 어쨌든 적지 않은 돈을 쓰는 거잖아요. 그리고 저흰 그 돈을 받는 거고요. 그럼 그만큼은 해야 저희도 편해져요. 아무 것도 안 하다 나오면 왠지 찝찝하기도 하고. 키스를 하게 되면 나무토막처럼 빳빳하게 굳어있는 사람도 있는데요. 그럴 필요 없어요. 그냥 자연스럽게 애인과 키스하듯 해줬으면 좋겠어요. 은근슬쩍 눈치 보다 가슴도 한번 쓰다듬어보고 때론 숨이 막힐 듯하게 격렬하게 입술도 빨아보고. 저희도 감정이 있는 동물인지라 그러다보면 흥분되기도 하거든요. 아무리 일이라지만 어쨌든 키스잖아요. 귓가에 종소리까지는 바라지도 않지만 그래도 좀 달콤했으면 좋겠어요. 그건 다 남자 하기 나름이니까요. 달콤한 키스 후에 그윽한 목소리로 "니 입술 달콤했어."라고 말해주는 남자를 싫어할 매니저는 없답니다.

Q : 그럼, 한번에 3~4시간씩 예약해주는 사람들은 어때?

A : 돈만 놓고 본다면 엑셀런트 하죠. 그보다 더 고마울 수는 없을 테니까요. 그런데 말이죠. 세상사는 다 그만큼의 대가를 치러야 하는 일이더라고요. 서너 시간의 수입을 보장해주는 대신 저희도 그만큼 뭔가를 제공해야 한다는 거죠. 기본적으로 저희는 1시간 짜리 리듬에 익숙해요. 약간의 대화, 또 약간의 키스 그리고 또 다른 무언가가 이어지는데 서너 시간이 되면 그게 익숙지 않은 거죠. 그 시간 동안 이야기만 하고 있을 수도 없고 물고 빠는 것도 어느 정도니까요. 무엇보다 그런 분들이 진상일 확률이 높아요. 개인적인 통계로 본다면 십중팔구는 진상이었단 거죠. 1시간 동안 진상과 있는 것도 힘든데 그게 서너 배로 늘어나면 거의 파김치가 되어서 나온다고 생각하시면 돼요.

Q : 할아버지 손님들은 어때? 좀 편하지 않아? 기력이 없다고도 볼 수 있잖아. 그러니까 나름 괜찮지 않을까?

A : 할아버지 말씀하시는 거예요. 남자는 숟가락 들 힘만 있어도 섹스를 꿈꾼다는 말이 거짓말 같죠. 진짜예요. 보통 이런 데 오시는 할아버지들은 저기 탑골 공원에 가시는 할아버지랑은 본질적으로 다른 존재인 것 같아요. 어느 정도 경제력도 있는 층이겠죠. 게다가 창피한 것도 별로 개의치 않더라고요. 이젠 그런 것에 구애받지 않아도 된다고 생각하시는 건지는 몰라도 젊은 사람들보다 더 심한 말을 아무렇지도 않게 한다니까요.
한번은 이런 적도 있어요. 잠깐 이야기하다 키스를 했는데 떨리는 손으로 온 몸을 더듬더라니까요. 게다가 키스는 얼마나 세게 하는지 혀가 뽑히는 줄 알았어요. 하긴 이 정도는 양반이죠. 심한 사람은 돈 줄 테니 한번 하자고 말하기도 한다고요. 웃기는 건 그렇게 말하는 사람인데 발기는 전혀 안 된다는 거죠. 봤냐고요? 당연히 봤죠. 팬티를 내리고 키스를 하는데 안 보이겠어요.

남자는 늙으면 양기가 위로 올라온다더니 딱 그런 것 같아요. 아랫도리엔 한 줌의 양기도 남아있지 않아서 물건이 설 생각은 없는데 대신 입은 그 반대예요. 이보다 더 음탕할 수 없는 말들을 쏟아내는데 듣고 있는 제가 민망할 정도라니까요. 아니다. 지난번에 봤던 할아버지는 좀 달랐어요. 다는 아니지만 적당히 단단해지기는 하더라고요. 근데 있죠. 그 할아버지는 본인이 발기가 된다는 사실에 엄청난 만족 내지는 뿌듯함을 느끼시더라고요.

밥숟가락 들 힘도, 문지방 넘을 힘도 있는데 발기가 안돼서 걱정했다고까지 말하는 분에 비하면 복 받은 거죠. 저는 여자라서 잘은 아니 아예 모르는 영역이겠지만, 남자들한테는 발기가 되고 안되고가 매우 중요한 이슈잖아요.

게다가 세월 앞에 장사가 없으니, 마음은 청춘인데 몸만 늙어버렸다는 생각이 들면 얼마나 슬프시겠어요. 그래서 굳이 사정하는 게 아니라, 본인이 흥분을 느끼고 발기가 되는 경험을 하는 것만으로도 자부심을 팍팍 느끼시더라고요.

늙은 게 죄는 아니잖아요. 저한테는 할아버지든 젊은 사람이건 똑같은 액수를 제공해주시는 손님이니까요. 그러니까 가능하면 선입견 없이 대하려고 노력하는데 너무 도를 넘어가는 분에게는 잘 못 하게 돼요. 그러니까 너무 들이대지는 마세요. 그러지 않고 얌전히 계시면 제가 발기될 때까지만 도와드릴 게요. 나머지는 알아서 해결하시고요.

Q : 그 할아버지들은 어떻게 알고 오는 거야?

A : 이런 게 선입견이라는 거죠. 요즘 할아버지들은 예전

의 그 분들이랑 조금 달라요. 스마트폰을 얼마나 잘 활용
하시는데요. 그리고 요즘엔 인터넷 검색 같은 거 가르쳐
주기도 한다잖아요. 그런데서 배우신 건지 아니면 스스로
하신 건지는 몰라도 검색 정도는 그냥 하시더라고요. 그
런 걸 통해서 키스방이 뭔지, 어떻게 하면 되는 건지 예습
하고 오시니까 굳이 저희가 설명해드릴 게 없어요. 문제는
글로 배워서 그런지 막무가내로 들이대시는 경우가 있다
는 거죠. 너무 안 하셔서 그런 건가. 어떨 때 보면 젊은 사
람보다 더 들이대는 경우도 많아요. 아무튼 할아버지 우습
게보시면 안 돼요. 돈도 있고 힘도 있는 남자라고요. 지난
번엔 비아그라 드시고 온 할아버지도 있었는데요 뭘. 한편
으론 존경스럽기까지 하죠. 그런 열정이면 뭔들 못하실까
싶어요.

Q : 할아버지들이 오면, 매니저들이 되게 싫어하지 않아?

A : 마냥 좋지는 않죠. 나이로 보면 정말 친할아버지 같은 사람들이잖아요. 그런 사람들이 손녀 나이뻘 되는 여자를 더듬는 게 그리 좋아보이지는 않잖아요. 그래서 매니저 언니 가운데 몇몇은 할아버지 방에는 절대 안 들어가겠다는 친구도 있어요. 저 같은 경우엔 그러지는 않는데 그래도 짠해 보이기는 해요. 아까도 말했지만 어쨌든 그분들도 똑같은 비용을 지불해주시는 고객이잖아요. 그래도 이젠 좀 자제하셨으면 하는 마음은 있어요. 늙으나 젊으나 남자는 남자란 걸 모르는 건 아닌데 가끔은 좀 안쓰럽기도 하니까요.

Q : 남자 입장에서는 할머니랑 키스하거나 할머니한테 애무하라 그러면 정말로 못할 것 같은데. 할 수가 있어?

A : 만약에 호스트바에서 일하신다고 가정해보세요. 그런데 할머니 손님들이 온 거예요. 재벌집 사모님쯤으로 생각해봐요. 그 할머니들이 키스 할 때마다 십만 원씩 준다고 그러면 어쩌실 거예요. 모르긴 해도 키스를 할 거 같지 않아요. 어차피 돈을 버는 게 지상 최대의 목표인 거잖아요. 저희도 그거랑 비슷해요. 물론 키스 한 번에 십만 원을 벌지는 못하겠지만 그래도 벌긴 하잖아요. 게다가 할아버지들은 팁을 잘 준다고 알려져 있거든요. 안주는 어르신도 있지만 대개는 만 원 정도는 과감하게(?) 쏘시더라고요. 호호.

그러니까 하는 거예요. 정 싫은 매니저라면 처음부터 안 들어가면 되는 거고 그게 아닌 친구라면 하나의 손님으로 인식하면 되는 거니까요. 극단적으로 말하면 매너 좋은 할아버지와의 키스가 진상 오빠들과의 그것보다는 훨씬 더 나아요. 중요한 건 나이가 아니라 매너 아닐까요. 가끔 그 와중에 미안한 마음이 들 때도 있어요. 당연하죠. 저도 인간이니까요. 저보다 마흔 살, 오십 살 더 많은 남자와 이렇게 하는 게 정말 니가 원한 거니 라는 물음이 들리긴 하거든요. 네, 그래요. 저 스스로에게 미안한 거죠. 그러나 어째요. 어차피 이 일을 하기로 한 이상 이것보다 더한 일이라도 감수해야죠.

돈 자랑 하는 놈

보성에서 돈 자랑하지 말고, 벌교에서 주먹자랑하지 말라던 옛말이 있다. 내 본적이 보성인 까닭에 가끔 아버지가 하시던 말씀이다. 그만큼 보성이 예전에 잘 살았다는 뜻이겠지. 그런데 난 왜 보성 출신인데도 이렇게 사는 걸까? 그깟 돈이 무엇이기에 처음 보는 남자와 키스를 해야 하는 건지 때론 그 사실이 못내 서럽다. 돈만 많다면 하지 않아도 될 일인데. 그런 생각이 들 때 유혹이 있었다. 스폰을 해줄 테니 자기와 개인적으로 만나보자는 제안이었다.

참으로 달콤한 제안이 아닐 수 없었다. 이 남자 저 남자와 수십 번 이상 키스를 해야 얻을 수 있는 돈을 주겠다는데 흔들리지 않을 수 있을까. 물론 그 제안에는 키스 이상의 무언가를 주어야 한다는 사항이 있긴 했지만. 몇날 며칠을 고민해야만 했다. 그만큼 달콤한 유혹이었으니까. 그저 으레 있기 마련인 남자의 허세였다면 이렇게까지 고민하지 않아도 됐겠지만 그건 허세가 아니었다. 일단 그의 때깔부터가 그가 그만한 능력이 있음을 말해주고 있었다.

머리끝부터 발끝까지 도배된 명품들. 그 하나하나가 적지 않은 내 한 달 수입보다 많은 게 분명한 명품들이었으니 믿지

않으려야 않을 수가 없었다. 그런 그가 자기랑 만나보지 않겠
냐고 물어오는데 순간 가슴이 덜컥 내려앉고야 말았다. 그렇
게 과한 요구도 아니었다. 월 300에 선물과 용돈은 별도, 원
한다면 자기 회사에 자리를 알아봐줄 수도 있고, 한 달에 4번
을 만나자고 했다. 추가적인 만남에는 당연히 그만큼의 돈을
더 지불할 테고, 그럼 내 한 달 수입이 고스란히 떨어지는 일
이었다.

　내 망설임의 상당 부분은 그가 약속을 지키지 않을까봐서
가 아니라 도대체 왜 그런 사람이 나를 골랐냐는 것이었다.
이런 말을 하고 싶지는 않지만 난 그렇게 외모가 뛰어난 여자
가 아니다. 단적으로 우리 가게에서 일하는 매니저들의 외모
순위를 조사해본다면 간신히 중간 정도일 테니까. 그런 조건
이면 얼마든지 더 젊고 예쁜 아이를 골라도 되지 않았을까.
어쩌면 그와의 만남에서 내가 보여준 무언가가 그를 사로잡
은 건지도 모를 일이었다. 다 좋다 치자. 그가 진정으로 원하
는 건 섹스란 건 부인할 수 없는 사실이다. 그가 원하는 건 내
입술만이 아니라 내 가장 은밀한 부위란 뜻이다.

　입술이나 그거나 무슨 차이가 있느냐고 반문할 수도 있으
리라. 그러나 내 입장에선 그 둘은 분명히 다른 사안이다. 웃
음을, 입술을, 심지어는 가슴을 드러내 보이기는 하지만 그래

도 그것과 섹스는 별개의 문제인 까닭이다. 결국 난 그 남자의 제안을 거절해버리고 말았다. 그때 그의 표정이 어땠더라. 아마 이해할 수 없다는 표정이지 싶었다. 하긴 그렇게 대답하는 나조차도 온전히 내가 이해가 안 됐으니 그로선 당연한 반응이었을 것이다. 약간은 의아한 듯 했지만 그는 쿨했다. 알았다고. 그러나 생각이 바뀌면 언제든지 연락하라고. 그가 준 명함에 적힌 회사는 검색창에 입력하면 찾아낼 수 있는 회사였다. 홈페이지에 있는 대표 인사말과 그의 사진. 혹시라도 연락하면 어쩔까 싶어 그 명함을 휴지통에 버렸다. 더 이상 시험에 들고 싶지 않았으니까.

우는 남자들

여자의 가장 큰 무기가 눈물이라는 건 알 만한 사람이면 다 아는 얘기다. 세상 어떤 남자가 우는 여자 앞에서 냉정을 유지할 수 있을까. 그래서 종종 여자들은 최후의 수단으로 눈물을 무기 삼는 것이다. 그에 반해 남자, 특히 대한민국 국적을 지닌 남자는 눈물을 보이지 않는 것을 생에 최대의 미덕으로 알고 자란 탓에 여간해서는 눈물을 보이지 않는다. 상황이 이

러니 다른 사람 앞에서 우는 건 상상조차 할 수 없다. 나 역시
도 남자의 눈물을 드라마나 영화가 아닌 현실에서 접한 적이
없으니 그 말이 틀린 것은 아닐 것이다.

그런데 그 눈물을 바로 여기서 접할 줄이야. 여느 때와 다
르지 않은 어느 날이었다. 손님이 왔다는 말을 듣고 방으로
향했다. 노크를 하고 문을 열고 들어가는데 뭔가 좀 달랐다.
평소와는 다르게 불이 꽤 어두웠던 것. 흠칫했다. 이렇게 불
을 어둡게 해놓고 또 무슨 짓을 할까 싶어서였다. 그러나 그
건 섣부른 판단이었다. 그 어둠 속에서 들려온 건 분명히 흐
느낌이었다. 이건 뭘까? 제대로 된 인사를 건넬 수조차 없는
상황이었다. 내가 한 거라곤 가만히 그의 울음을 들어주는 일
뿐이었다. 잠시 후 그가 내게 물어왔다. 조금 울어도 괜찮냐
고? 내가 뭐라고 그의 울음을 제지할까 싶었다. 가만히 고개
를 끄덕였다.

다시 그가 운다. 마음이 짠했다. 저 남자에게 무슨 일이 있
었던 걸까? 묻지 않았다. 대신 나는 울고 있는 그를 조용히
안아주었다. 나보다 두 배는 커 보이는 남자가 내 어깨에 얼
굴을 파묻고 눈물을 흘린다. 어깨가 드러난 옷이었기에 그 눈
물은 고스란히 맨살을 타고 흘렀다. 왜 우는지 묻지도 않았
고 답하지도 않았다. 그렇게 10분 남짓을 울고 난 그가 비로

소 눈물을 거뒀다. 그는 고맙다고 했고 나는 괜찮다고 했다. 휴지를 건넸다. 그가 눈물을 닦는 사이에 비로소 찬찬히 그를 살펴볼 수 있었다.

눈물과는 정말 어울릴 것 같지 않은 외모였다. 누가 봐도 해병대쯤은 나왔겠거니 싶은 남자였다. 그런 남자도 우는구나. 얼마나 외로웠으면, 얼마나 힘들었으면 처음 보는 여자 앞에서 저토록이나 서럽게 우는 걸까. 눈물 콧물을 다 닦아낸 그가 겸연쩍다는 듯 씨익 웃는다. 그 웃음이 앞서 흘렸던 눈물만큼이나 서글펐다면 이해가 가겠는가. 내가 줄 수 있는 건 위로를 담은 키스였다. 조금은 짭짜름했던 그의 입술. 세상엔 이런 키스도 있는 법이다. 세상엔 이런 남자도 있는 법이고. 그가 돌아가고 난 뒤 생각했다. 어쩌면 내가 하는 이 일이란 게 뜻밖에도 누군가에게 위로를 안겨주는 일은 아닐까 하는. 키스가 꼭 달콤해야만 하는 게 아니란 걸 알게 된 어느 날.

손님들 이야기

키스와 섹스에 대한 남자의 생각

절대로 인정할 수 없지만 어느 미친 개새끼가 이런 말을 한 적이 있다. '결혼이란 제도는 합법적이고 공식적인 전속 창녀를 얻는 일'이란 말이 그것. 도대체 저런 말을 한 종자의 머릿속엔 무엇이 들어있는지 궁금할 정도다. 이런 개소리를 하는데도 박수를 치는 사람들이 있다는 게 의아하지만 그냥 무시하는 게 정답이겠지. 세상 모든 남자들이 다 그런 건 아닐 테니까.

백번 양보해서 그게 일정 부분은 당위성을 띠고 있다고 가정해보자. 그럼 이 땅의 유부남들은 모두 자신만의 창녀를 가지고 있는 셈인데(별도의 화대를 지불하지 않아도 되는) 그런 사람들이 왜 한사코 밖으로 맴도는 것일까. 당장 우리 가게만 해도 그렇다. 정확하게 통계를 내보진 않았지만 비율로 따져 보면 유부남이 압도적인 점유율을 기록하고 있으니 하는 말이다. 왜 그러는 걸까? 상당수의 남자들의 왜 그들의 전속 창녀를 집에 두고도 이곳에 키스 혹은 다른 그 무엇을 하러 오는 걸까?

적은 돈도 아니잖은가. 한 시간에 7만원인데. 돈 한 푼 들이지 않고 원하는 만큼 키스를 하고 그보다 더 비싼 섹스조차도 완전 꽁짜인 그들은 '가족이랑은 하는 거 아냐' 따위의 시답잖은 핑계를 금과옥조인 양 되뇌며 우리를 찾아온다. 남자의 성욕은 내가 알고 있는 것과 또 다른 존재란 말인가.

나를 포함한 여자들 역시 성욕이란 게 있다. 때론 키스가 그립고 어느 날은 섹스가 간절하기도 하다. 만약 내가 유부녀라면 난 퇴근 때까지 참을 것이고, 집으로 간 후 비로소 내 남자와 입술을 부비고 맨 살을 마주칠 것이다. 그런데 남자는 그게 불가능한 일이란 말인가. 그들은 성욕이 일어나면 즉각적으로 해소해야만 살아갈 수 있는 것일까? 이곳에서 일하다 보니 어쩌면 그게 사실일지도 모른다는 말도 안 되는 착각을 하게 된다. 그들의 행태를 보면 이런 해석이 가능하니까. 성욕은 성욕, 와이프는 와이프. 둘은 별개의 문제라는 말이다.
참 연구 대상이다.

섹스하려는 남자, 왜 여기서 굳이?

'세상은 넓고 섹스 할 장소는 많다'는 게 대한민국 화류계의
현실이다. 약간의 경제적 출혈이 따르긴 하지만 마음만 먹는
다면 시간과 장소 불문하고 섹스를 할 수 있다는 말이다. 어
느 도시건 유흥가라 불리는 곳에 가보면 30초 안에 섹스 가능
한 업소를 찾을 수 있으니까. 그런데 왜 굳이, 하필이면, 생뚱
맞게 키스방에서 섹스를 하겠다고 덤벼드는 것일까.

알겠지만 키스방은 처음부터 끝까지 다 할 수 있는 곳이 아
니다. 어느 건 해도 되고 어느 건 하면 안 된다는 룰이 존재하
는 장소기 때문이다. 혹시 모르고 있을까봐 노파심에서 말하
자면 키스는 해도 된다. 조금 더 나아가서 약간의 터치도 가
능하다. 그러다 꼴리면 알아서 스스로 해결하는 것까지도 용
납하는 곳이 바로 키스방이다. 그러나 섹스만은 사절이다. 그
건 우리 담당이 아니니까. 그 일은 안마시술소나 오피, 이도
저도 아니면 2차 가능한 룸살롱의 영역이란 뜻이다.

이곳에 오는 손님 중에 그 사실을 모르는 이는 단 하나도 없을 것이 분명함에도 불구하고 난 심심찮게, 아니 꽤 자주 한 번 하자란 대사를 듣게 되는 걸까. 그럴 때마다 왜 난 그들을 어르고 달래야 하는 걸까. 한두 살 먹은 어린애도 아닌데 말귀를 못 알아먹는 인간들과 씨름을 하는 것이 내 주된 일과가 되어버린 이 현실이 못내 안타깝다. 도무지 이해가 가질 않아서 결국엔 대놓고 물어보기에 이르렀다. 그 많은 업소를 놓아두고 굳이 여기서 하자고 말하는 저의가 무엇이냐고? 그는 이렇게 말했다. 아마 짜라투스트라라는 남자도 이렇게 말했을 거다. 그가 남자라면.

　"하지 말라는 일이라서 그래. 왜 있잖아. 멍석 깔아주면 하던 짓도 안 한다는 말. 남자란 동물이 좀 그래. 하지 말라고 그러니까 더 하고 싶달까. 대놓고 나 잡아드셔 하고 다리 벌리고 있는 여자는 왠지 맛이 없을 것 같은데 반해 이곳에서 일하는 애들은 도전 의식을 불러일으키는 존재란 말이지. 안 돼 안 돼를 돼, 돼로 바꾸는 그 과정이 너무 재미난 거지. 원래 섹스는 재미 빼면 시체잖아. 그런 의미에서 우리 한 번 하자."

늙은 남자 vs 젊은 남자

키스방의 주된 고객층은 30~50대의 남성이다. 어느 정도 경제력이 있고, 시간적 여유가 있으며 적당히 외로운 남자들. 평균적으로 하루에 10명의 남자를 만난다고 할 때 70-80% 정도는 30~50대의 건장한 성인 남성들인 것 같다. 그렇다면 나머지 20%를 확인해봐야겠지. 그건 당연히 저 연령대에 포함되지 않은 집단, 즉 새파란 20대 영계들과 60대 이상의 베테랑들일 것이다. 사실 이 집단은 자주 출몰하지 않는 편이라 간혹 만나게 되면 묘한 감상에 젖게 되는 경우가 많다. 혹시 10대는 없느냐고 궁금해 하시는 분이 있을까봐 말씀드리는데 단연코 없다. 형의 주민등록증을 위조해 오지 않는 이상 출입 자체가 불가한 까닭이다. 암튼 이런 손님들이 오면 신선한 맛은 있다. 존재 자체만으로도 그렇지만 그들의 행동 역시 마이너리티한 면이 있기 때문이다.

먼저 20대, 만지면 솜털이 묻어날 것 같은 귀염둥이들을 보자. 이중에서도 20대 초중반은 키스방에서 만나기가 하늘의 별 따기 같은 피조물인데 여기엔 그럴 만한 사정이 있다. 일단 돈이 없다는 것. 30분 접견에 드는 비용이 무려(?) 4만 원이니 용돈 받아 생계를 꾸려나가는 그들로선 웬만해선 올

수 없는 것이다. 게다가 한창 연애 사업에 탄력을 받는 시기다 보니 굳이 우리가 아니라 해도 키스를 받아줄 사람이 있지 않은가. 그래도 다 그런 건 아닌지라 때론 이런 희귀한 어린 것들을 만나곤 하는데 이상하게 이런 친구들은 나름의 사연을 안고 오는 경우가 많더라.

참 인상적이었던 친구는 키스방을 강의실로 만들어버린 케이스. 그 남자는, 아니 그 아이는 이제 갓 스무 살이 되던 친구였는데 입장하는 것부터가 고역이었다. 척 봐도 미성년자처럼 보이는 통에 주민등록증을 보고 나서도 받아야 하는지 고민하게 만드는 친구였다. 결국 받아주긴 했는데 운 좋게 그 방에 내가 낙점된 것 아닌가. 방에 들어가려는데 실장이 땡 잡았다며 한 턱 쏘라고까지 말할 정도였으니. 나 역시 꽤나 흥미로웠다. 한편으론 저 나이에 이런 곳을 찾는다는 게 괘씸하기도 했지만 말이다.

내가 들어서자 긴장하는 티가 역력했던 그 아이는 다짜고짜 키스하는 법이 궁금하다고 말할 정도로 당돌한 면도 갖추고 있었다. 이런 곳에 일하면 느는 건 눈치뿐이다. 바로 알았다. 좋아하는 여자와 키스를 하고는 싶은데 어떻게 해야 잘하는지를 알고 싶었던 거다. 키스방이 아니라 성교육 시간이 되어버린 와중에 난 팔자에도 없는 구성애로 코스프레를 할

밖에. 팔과 고개는 어떻게 해야 하는지, 혀는 언제 이용하는 건지, 손 처리는 어떤 게 최선인지를 몸소 시연해주고 나니 왠지 모를 뿌듯함마저 들 지경이었다. 궁금하다. 그 아이는 내가 가르친 대로 잘 하고 사는 건지. 최소한 욕은 안 듣고 있을 거란 건 분명하다.

물론 20대 고객들이 다 이런 식은 아니다. 워낙 혈기왕성한 시절을 보내는 이들이다 보니 웃지 못 할 에피소드도 적지 않다. 내가 들어서기도 전에 이미 상상만으로 기립(?)을 하고 있는 건 기본 중의 기본. 그런 젊음이 때론 부러울 정도다. 웬만해선 표시가 나지 않을 청바지를 입고 있음에도 불구하고 단 한 번의 키스만으로 선명한 라인을 드러내는 그들. 게다가 그 강도는 시시한 야구 방망이 못지않으니 젊다는 게 좋긴 좋더라. 그들의 젊음을 가장 극명하게 보여주는 장면은 역시 마지막 폭발 순간이다. 4, 50대처럼 피식 하고 떨어져 나와 그 언저리에 흔적을 남기는 경우는 절대로 없다. 그들의 질주는 나를 비켜가 1미터 앞까지 날아갈 정도다. 약간의 과장이 곁들여지긴 했지만 그 정도로 맹렬하다는 것만은 분명하다. 맞으면 아프다니까, 크크크.

이와는 전혀 다른 양상을 보이는 것이 60대 이상의 어르신들이다. 솔직히 그 나이에도 수그러들 줄 모르는 욕구를 지니고 있다는 게 잘 이해가 가지 않지만 그게 있으니 우리를 찾은 거겠지. 나도 나이가 들어서도 저런 열정을 가지게 될까. 문제는 그런 열정에 덧붙여 발현되는 꼰대 근성이다. 나이가 든다는 건 삶의 지혜를 갖게 되는 거라고 배웠는데 그보다는 쓸데없는 똥고집만 느는 건 아닌가 느껴질 정도로 고압적인 태도를 취하는 분을 종종 겪은 탓이다. 우리가 손님의 취향을 이해하고 가급적 그에 순응해야 하는 업을 가진 건 사실이지만 그런 걸 고려한다 해도 너무 심하다 싶을 때가 많다.

　나쁘게 말하면 막무가내로 달려든다는 거다. 키스만 봐도 그렇다. 시작은 부드럽게 가다 조금씩 그 수위를 올리는 게 정석일 텐데 이상하게 어르신들은 처음부터 들이대는 경우를 접하게 된다. 남은 시간이 아까운 사람들이라서 그런 걸까. 입술을 비빔과 동시에 혀를 마구잡이로 돌리면 어쩌란 말인가. 채 준비도 안 된 상태에서 그런 걸 경험하게 되면 제 아무리 키스의 달인인 우리라 해도 적잖이 당황하게 된다. 게다가 왜 그렇게 흡입력은 좋으신 건지. 내 입술을 부르트게 하는 것이 오늘의 과제인양 거칠게 빠는데 이런 손님 두 명만 받으면 그날은 쫑 치는 게 아닐까 싶을 정도였다. 할아버지들 부탁인데요. 키스는 부드럽게, 그게 키스의 1원칙이라는 걸 잊지 말아주세요. 물론 다 그런 건 아니다. 개중에는 정말 구력의 중요성을 일깨워주시는 분도 있으니까. 그런 분과 키스를 하고 나면 내가 마흔 살만 많았어도 연애 하자고 하고 싶어진다. 덤으로 적잖은 팁까지 받고 나면 나이를 먹는 일이 마냥 나쁜 것만은 아닌 것 같이 여겨질 정도다.

스토커 이야기

이 일을 하다 보면 한 번쯤은 열성 팬을 갖게 된다고 보면 된다. 혐오감을 불러일으키는 외모의 소유자가 아니라면 말이다. 그럴 일은 없는 게 일단 면접을 할 때 가장 우선시되는 요소가 외모이다 보니 키스방에서 일하는 언니들은 나름 훌륭한 외모의 소유자 아닌가. 자랑 같지만 나도 그리 나쁜 외모는 아니다. 그랬으니 뽑혀서 일하는 걸 테고. 아무튼 남자의 눈은 제각각이어서 내게도 그런 열성 팬이 생기는 일이 마침내 일어났다. 꽤 스마트해 보이는 남자였다. 30대 초반쯤의 나이, 깔끔한 헤어스타일에 말하는 것도 나름 교양 있어 보이는 그런 남자. 으레 그렇듯 가벼운 호구 조사에 이어 소소한 농담을 주고받던 그가 불쑥 치고 들어왔다.

"몇 시에 일 끝나?"

이건 우리 가게 손님 접대 매뉴얼 최상단에 적힌 멘트다. 이런 질문을 들을 땐 신중해져야 한다. 순진하게 곧이곧대로 말하면 그 시간 이후에 만나자는 연계 질문이 꼬리를 물기 때문이다. 손님 오는 것에 따라 끝나기 때문에 언제 끝날지 모르겠단 모범 답안을 들은 그가 다음 질문을 던져오지 않았기에 나름 안심했다. 다음 코스로 진입. 키스와 키스로 인해 발생한 욕망을 해소하는 것까지 일사천리로 이어졌다. 생긴 것처럼 스마트하게 이 과정을 수료한 그가 무려 2만원이란 거금을 팁으로 하사하시고는 바람처럼 사라졌다. 오늘은 운수 좋은 날인가 보다 생각했다.

다음날, 실장이 나를 지명한 손님이 있다고 했다. 누구지? 그였다. 왠지 반가웠다. 역시 팁의 효과는 무시할 수 없는 것이었나 보다. 어제와 다를 바 없는 일들. 시간이 좀 남았다. 그가 그 틈을 노려왔다.

"언제 쉬어?"

생각보다 끈질긴 남자였다. 아직은 틈을 줄 수 없었다. 실제로 나는 거의 쉬는 날이 없이 일하는 상태였다. 빨리 벌어서 빨리 은퇴해야만 했으니까. 철벽같은 내 말에 조금은 실망한 듯 했지만 역시나 쿨하게 이만 원의 거금을 하사하는 그. 그리고 다시 퇴청. 꽤 괜찮은 남잔가 싶었다. 설마 내일도 오려나. 실오라기 같은 기대감이 들었다. 그는 오지 않았다. 나 약간 서운했던 걸까? 이틀이 지나고 삼일이 지나도 그는 오지 않았다. 내 거절이 그를 포기하게 만들었던 모양이다. 그렇게 그를 잊을 즈음, 그가 왔다. 반가웠다. 반가움은 수다로 이어졌고, 너무 과한 수다는 술에 취한 효과를 불러왔다.

　우리는 마치 애인이나 되는 것처럼 열렬히 키스를 나누고 평소보다는 좀 과한 터치도 용인이 되는 상황에 이르렀다. 그래봐야 1시간이다. 이번에도 그는 이만 원의 팁을 남기고 사라졌다. 새로운 지명이 생긴 거란 생각이 든 건 당연한 이치였다. 그러나 그건 오산이었다. 그는 가게에 들어와서 나를 만나는 대신 내가 퇴근하기를 기다리고 있었으니까. 하루 종일 남자에 시달린 내가 가게 문을 나서자 저 멀리서 그가 손을 흔들고 있는 것 아닌가. 순간 등골이 오싹 했다. 이런 유의 말을 실장이나 같이 일하는 친구에게서 들어본 적이 있는 까닭이다. 그들은 한결같이 조심하라고 말했다. 그런 남자들은 언제 돌변할지 모른다며. 그들은 그런 이를 스토커라고 불렀다.

　스토커란 건 연예인한테나 생기는 일인 줄 알았는데 나 같은 일반인도 그럴 수 있구나 싶었다. 본능적으로 가게 안으로 되돌아갔다. 행여나 그가 따라 들어오는 건 아닌가 싶었지만 그러지 않았다. 실장에게 사정을 설명하고 밖으로 나가보라고 했다. 밖으로 나갔다 들어온 실장이 아무도 없다는 말을 해줬음에도 난 가게를 나갈 수 없었다. 손을 흔드는 그의 얼굴이 본능적으로 공포를 안겨주었던 까닭이다. 결국 그 날 난 본의 아니게 가게에서 머물러야 했다.

다음날, 역시나 나를 지명한 손님이 있었다. 왠지 그일 거란 생각이 들었는데 정말 그랬다. 실장에게 상황을 설명했다. 우리 가게엔 실장이 둘이라 어제의 일을 몰랐던 실장이 바로 차단을 시켜줬다. 이런 일을 오래 하다 보면 어렵지 않게 만날 수 있는 일이란 걸 누구보다 잘 알고 있던 실장이 손님에게 사정을 설명했다. 혹시 다른 아이를 원하시면 넣어드리겠다는 친절한 제안과 함께. 그는 그 제안을 단칼에 거절했다. 그동안 나는 대기실에 숨어 숨을 죽이고 있었다. 혹시나 난동을 부리는 건 아닐까 마음을 졸이고 있었는데 그는 다행히 그렇게 가버렸다고 했다.

그의 퇴장을 확인한 실장이 내게로 와서 그는 앞으론 블랙(가게에게 출입 자체를 금하는 나쁜 손님) 명단에 올릴 거라며 나를 위로해주었다. 그래도 무서운 건 어쩔 수 없었다. 그날 이후 난 항상 동료와 함께 퇴근을 했다. 다행히 염려하는 일은 생기지 않았다. 어쩌면 내가 오버한 것인지도 모르겠다.

사실 그가 내게 해를 끼친 건 아무 것도 없다. 그저 밖에서 나를 기다려준 게 다이지 않은가. 그러나 이 바닥에서 스토커로 인해 일어난 일들이 적지 않았기에 그런 식으로 대처할 수밖에 없었던 것이다.

그렇게 시간이 흘렀고 그에 관한 기억이 사라질 즈음이었다. 우리 가게에서 일하다 다른 가게로 옮긴 친구로부터 전화를 받았다. 그녀는 내게 있었던 일을 상기시키며 혹시 그 남자가 이러저러한 인상착의의 소유자가 아니냐고 물었다. 확언할 수는 없었지만 거의 유사하다고 말해주자 그녀가 그랬다. 자신의 가게에서 얼마 전 스토커로 인해 약간 문제가 생겼는데 듣고 보니 내게 그랬던 남자와 비슷한 것 같아서 연락을 했다고 한다. 등골이 오싹 했다. 그때 내가 그러지 않았다면 그 피해자는 내가 되었을 수도 있는 일이었기 때문이다. 며칠 동안 악몽에 시달려야 했음은 당연한 일. 도대체 왜 그러는지 모르겠다.

정 만나고 싶으면 가게 안으로 들어오면 될 것을. 어리석다. 어차피 자주 보다 보면 알게 모르게 정이란 건 생겨난다. 안 그러려고 노력해도 그게 노력만으로 되는 일은 아니잖은가. 흔히 지명들과의 관계가 그렇다. 지명을 두어본 이는 알 것이다. 일반적인 손님과 아가씨의 관계보다는 훨씬 친밀한 무언가가 존재한다는 사실을. 그 정도로도 만족이 안 되는 걸까. 이런 일을 겪을 때마다 은퇴하겠다는 내 의지는 점점 더 커져만 간다. 그래서 고맙다고 해야 하는 걸까. 내가 빨리 은퇴할 수 있게 만들어 주었으니.

키스방 중독자들

긍정적이든 부정적이든 무언가에 중독된다는 것은 그리 바람직한 현상은 아니다. 제 아무리 좋은 일이라 해도 중독이란 경지에 오른다면 그게 유쾌하지는 않으니까. 하물며 안 좋은 방면에서의 중독은 더욱 그렇지 않을까. 특히나 그것이 유흥 쪽에서의 중독이라면 더욱 그렇다. 한 번 빠지면 돈 깨지고 몸 버리고 정신마저 황폐해질 가능성이 높은 것이 유흥업소에 중독되는 것이다. 내가 다니는 키스방도 예외는 아니다. 실제로 여기에 빠진 사람들 가운데는 중독이라 해도 좋을 만한 경우가 비일비재하다. 일주일 내내 오는 사람도 본 적이 있으니까. 그렇게 와도 되는 걸까. 어떤 사람들이 이곳에 출근 도장을 찍는지 궁금할 것이다. 오랜 시간 동안 그런 사람들을 지켜본 결과, 대충 다음과 같은 부류로 정리가 되는 듯하다.

(1) 특정 매니저에게 중독된 경우

가장 많은 비중을 차지하는 형태다. 심심풀이로 왔다가 자신에게 화끈한 키스를 선사해준 천사 같은 여자에게 빠져드는 것이다. 매니저 입장에서야 고맙기 그지없는 손님이다. 고정적인 수입을 발생시켜 주는 건 물론이고 그 시간 동안의 휴식을 보장해주는 자상함마저 덤으로 안겨주니 말이다. 보통 이런 손님들은 아가씨와 같이 있어도 특별한 걸 하지 않는 경우가 많다. 그냥 눈만 보며 대화만 하다가 1시간을 흘려보내는 것이다. 심한 경우 피곤할 테니 그냥 자라고까지 하는 이들도 있다. 처음에는 미안해서 못 그러지만 나중엔 자연스레 그 손님 시간에는 잠만 자기도 할 정도다. 갑을 관계의 역전 현상이 발생하는 셈인데, 매니저에게 중독된 손님은 전혀 개의치 않는다. 좋게 포장하면 사랑에 빠진 거라고도 볼 수 있다. 그래도 주의할 점은 있다. 이런 중독이 더 심해지면 나중에 스토커로 변신할 수도 있으니까. 모든 일엔 양면성이 존재한다. 얻는 게 있으면 잃는 것도 생긴다는 걸 아는 매니저라면 적절한 선을 유지하는 지혜가 반드시 필요한 이유다.

(2) 어떤 행위에 중독된 사람들

바람직한 건 아니지만 이런 행태를 보이는 사람들도 적지 않다. 이런 식의 중독자들은 상대를 배려하고자 하는 생각 따위는 전혀 하지 않는다. 오직 본인의 욕구를 충족시키는데 혈안이 되어있기 때문이다. 그들이 본인의 욕구를 충족시키기 위해 택하는 방법은 몇 가지로 나뉜다. 가령 예를 들자면 의도적으로 아가씨를 괴롭힘으로써 만족을 얻는 것, 키스방에서 금기시되는 일에 도전하는 것들이 그렇다.

대표적인 것이 키스방에서 하면 안 되는 섹스를 어떻게든 성공시키는 일이 그렇다. 돈을 쓰든, 혹은 사탕발림을 하던 목적을 이루기 위해서라면 수단과 방법을 가리지 않는 것이다. 그렇게 해서 성공하고 나면 자랑스럽게 후기 사이트 등에 자신의 전과를 게시하고 사람들의 주목을 받길 원하는 이들이 바로 이에 해당된다. 아가씨 입장에서는 금기시된 섹스를 한 것만으로도 힘든데 그 사실이 공개됨으로써 설상가상의 상황에 직면하게 되는 것이다. 물론 적나라하게 가게와 이름을 공개하지는 않지만 여러 가지 힌트를 보고 나면 키스방 마니아들이라면 알 수도 있기 때문에 그 불안감은 쉬이 사라지지 않는 것이다.

이런 타입과는 달리 특정 아가씨들만을 골라 만나는 데 빠진 사람도 있다. 주로 NF 킬러라 불리는 사람들인데 New Face, 즉 이 일을 처음 하는 신인들만을 고집하는 것이다. 그게 꼭 나쁘달 수는 없다. 새로운 얼굴을 봄으로써 신선함을 느끼고자 한다는 이유라면 충분히 그럴 수도 있을 테니까. 문제는 그런 신인들의 어리숙함을 이용해 자신의 욕구를 채우는 사람들에 있다. 운전이든 일이든 초보는 모르는 것 투성이다. 그러니 주변의 충고에 기대는 경우가 많은데 그 충고가 자신의 욕심을 챙기기 위해 변질되는 경우가 이에 해당한다.

NF를 접견하는 사람이 이 바닥의 룰은 이런 거라며 키스방에선 금기시되는 일들을 강요하는 경우, 신삥 매니저들은 제대로 된 대처를 할 수 없기에 울며 겨자 먹기 식으로 당할 수밖에 없는 것이다. 사전 교육을 받긴 하나 막상 실전에 돌입하면 머릿속이 하얘질 수밖에 없는 신입들은 나중에야 자신들이 받은 대접이 온당치 못했음을 깨닫게 되지만 이미 엎질러진 물이니 어쩔 도리가 없는 것이다. 이 과정에서 상당수의 NF들이 업계를 빠져나가게 된다. 이런 일이라면 한시라도 더 하고 싶지 않아졌기 때문이다. 아가씨도, 업주도, 그리고 새로운 NF들을 만날 기회를 놓친 고객들에게도 손해인 셈이니 그들이야말로 공공의 적이 아닐까 싶다.

(3) 외로움을 극복하기 위한(?) 중독자들

가장 안쓰러운 케이스인데 생각보다 이런 경우가 많다. 치열한 경쟁 사회 속에서 살다보면 자신도 모르게 고립되는 경우가 생기게 된다. 가까운 친구에게조차 털어놓기 힘든 고민들 속에서 허둥대다 보면 우울해지는 건 당연한 일. 그래서 우울증이 마음의 감기처럼 흔해진 병이 되는 게 현대사회다. 우울증에 빠지다 보면 대인관계도 좁아지고 그러다보면 절로 외로워지기 마련. 이런 악순환의 고리에 빠진 사람이 어디 한둘이던가. 그런 사람들이 키스방을 찾는다. 마치 임금님 귀는 당나귀 귀임을 토로하기 위해 찾는 대나무밭이 현대에 와서는 키스방이 된 사례랄까. 다 그런 건 아니지만 정말 외로워서 키스방에 출근 도장을 찍는 사람들이 생각보다 많다는 걸 볼 때마다 사는 게 참 힘들구나 싶어진다.

순정파 남자 :
키스도 안하는 남자, 매니저와 사랑에 빠진 남자

이 일을 하다보면 나름의 주기라는 게 생긴다. 어떤 땐 기대 이상으로 많은 돈을 벌기도 하고 또 어느 땐 입에 풀칠할 정도의 수입을 얻기도 하는 것. 그래서 돈을 좀 번다고 흥청망청 썼다가는 후회하게 되는 것이다. 잘 벌면 버는 대로 못 벌면 또 그에 맞춰 규칙적으로 살아야 할 이유가 바로 여기에 있다. 그런 면에서 본다면 난 괜찮았다. 그걸 가능하게 해준 것 중 하나가 바로 가계부를 씀으로써 수입을 관리했기 때문이다. 가끔씩 심심할 때 가계부를 들춰보는 재미도 쏠쏠찮고, 또 그를 통해 경각심을 불러일으키는 것도 나쁘지 않았다. 그렇게 보다가 발견한 게 하나 있다. 작년 말쯤 유독 수입 그래프가 최고점을 치고 있었다는 것. 거기엔 한 사람의 공이 컸다.

40대 중반의 그는 소위 말하는 주말 부부였다. 가족들은 모두 지방에 있고 자신만 서울에 떨어져서 일하던 이였는데 그래서였을까. 당연히 외로웠을 거다. 조그만 무역상을 한다는 말을 들었는데 그게 그렇게 돈을 잘 버는 거였나. 그는 거의 세달 가까이 하루도 쉬지 않고 나를 찾아주었다. 올 때마다 두 시간 이상은 기본으로 나를 찾아주었으니 내 성적이 나쁠래야 나쁠 수 없는 노릇이었다. 어느 날을 세 시간, 네 시간까지도 연장한 적이 있을 정도였다.

사실 처음에는 그게 고마웠다. 아니 할 말로 호구 하나 잡았다는 심정이 없다면 거짓말이겠지. 그런데 시간이 갈수록 그의 외로움을 달래주고 싶어졌다. 처음 그를 만나던 날을 기억한다. 1시간을 끊고 왔는데 결국엔 세 시간 후에 내 방에서 나갔던 그 사람. 그는 흔히 장타 손님이 하게 마련인 진상짓도 하지 않았다. 키스를 할 때도 그저 내 등을 어루만지는 게 전부였던 사람이다. 작은 목소리로 내 힘듦을 위로해주기도 했고, 자신의 외로움을 한 조각씩 드러내기도 했던 사람이었다. 그런 그가 다음 예약 때문에 어쩔 수 없이 내 방을 나가면서 내일 또 오겠다는 약속을 했다.

그게 나쁠 건 없지만 그 말을 믿지는 않았다. 여기 오는 사람이라면 십중팔구는 남기는 부질없는 약속이란 걸 경험으로 알고 있는 까닭이었다. 다시 오지 않아도 괜찮았다. 간만에 만나는 진심 어린 위로만으로도 충분했으니까. 그러나 그는 다시 왔다. 그리고 또 두 시간을 머무르다 갔다. 그렇게 일주일을 연속으로 만나게 되자 주변의 시선부터 달라졌다. 그의 예약 전화가 오는 것만으로도 실장은 나를 보며 웃었고 다른 친구들은 나를 부러워했으니까.

그렇게 일주일이 지나자 내가 그를 걱정하기 시작했다. 이렇게 와서 돈을 써도 되는 것일까. 그게 가장 먼저 그를 위해 한 걱정이었다. 다행히 그의 사업체는 규모에 비해 꽤나 내실이 있는 업체라 돈 걱정은 하지 않아도 되는 것이었다. 그 다음엔 사장이란 사람이 이렇게 자리를 비워도 되냐는 것이었다. 어차피 고정 거래처 위주의 무역상이라 크게 신경 쓸 건 없다고 했으니 그 또한 부질없는 걱정이었다. 마지막으로 걱정된 것은 가족을 만나러 가야 하는데 나 때문에 못 가는 건 아닌가 하는 거였다. 그 또한 그의 말에 따르면 신경 쓸 부분이 아니라고 했다. 연말을 맞아 아내가 아이를 데리고 세달 코스로 어학연수를 갔기 때문이라고. 그래서 이 연말이 더 외롭다는 말도 곁들였다.

그와 보내는 시간은 참으로 무미건조했다. 이건 재미가 없다의 차원이 아니다. 그는 언제부턴가 키스하려는 시도조차 하지 않고 그저 내 손을 잡고 이야기를 하다가는 멈추고 그저 내 얼굴을 바라보기만 했다. 처음에는 그게 너무 어색했는데 나중엔 나도 그것을 즐기고 있었다는 게 솔직한 고백임을 밝힌다. 키스방에서 일 해본 언니라면 알겠지만 이렇게 오랜 시간을 공유한 지명과 함께 있으면 그 안에서 무슨 일이 벌어질

지 모른다. 꽤나 친숙해진 사이이기에 기본적인 수위라는 건 무의미해지는 까닭이다. 사실 그 공간에서 무슨 일이 벌어지는 지는 아무도 모른다. 방음 처리에만 신경을 쓴다면 그 안에서 섹스를 한다 해도 알 수 없기 때문이다.

나 역시 그런 부분에 신경이 쓰였다. 이러다가 언젠가 이 사람이 섹스를 요구하면 거절할 수 있을까 싶기도 했으니까. 만약 그랬다면 난 어떻게 했을까. 최대한 완곡하게 거절했을 것 같긴 하지만 사람 일이란 게 모르는 거 아닌가. 그는 충분히 젠틀했고 여자를 아껴줄 줄 아는 사람이었으며 언제라도 내가 스톱 사인을 외치면 수긍할 사람이었다. 그렇다면 어쩌면? 그러나 내 걱정과는 달리 그는 세달 가까운 시간동안 나를 보면서도 단 한 번도 선을 넘지 않았다. 실장이나 동료들이 오히려 이상하게 생각할 만큼 그는 나를 아껴준 것이다. 인생은 기브 앤 테이크라든가. 그의 호의를 마냥 받아들이고만 있을 내가 아니었다.

자주는 아니었지만 가끔 그와 키스를 하게 될 때면 마치 애인처럼 진심을 담았고 그래서 그와의 키스는 짜릿하진 않지만 따뜻한 것이었다. 시작이 있으면 끝이 있는 게 세상사다. 해가 바뀐 어느 날 역시나 그가 왔다. 그의 손에는 명품은 아니지만 적당히 고가의 머플러가 들려져있었다. 내게 주는 선물이었다. 그리고 그가 말했다. 오늘이 마지막이라고. 나를 만나면서 항상 마음에 걸렸다고 했다. 이렇게 예쁘고 어린 여자를 계속 만나도 되는 건지. 사실 내가 그렇게 어리지도 예쁘지도 않은데 그는 그렇게 생각했나 보다.

그의 말을 듣는데 눈물이 찔끔 났다. 그렇다고 운 건 아니다. 언젠가는 그래야 했으니 담담히 받아들이려고 노력했다. 혹시 마지막이라서 다른 무언가를 했을 거라 생각하는 사람이 있을까. 그런 건 없었다. 그는 머플러를 내게 주고는 꼭 껴안아 주었다. 그리고 이런 말을 했다. 니 생각대로 빨리 이곳을 은퇴해서 행복하게 살라고. 두 번 다시는 이런 곳에 발을 들이지 말라고도 했다. 참 상투적인 축사지만 거기엔 진심이 담겨 있었다. 그렇게 그는 떠났다.

그가 오지 않는 다음날부터 난 한 달 가까이 은연중에 그를 기다렸다. 그의 전화번호를 알고는 있었다. 예약 전화를 했으니 당연히 저장되어 있었으니까. 그래도 전화를 걸지 않았다. 그게 그에게 할 수 있는 최소한의 예의라고 믿었던 까닭이다. 지금도 그를 만나고 싶다. 그러나 그런 일은 없을 것이다. 그 사람도 나도 서로에 대한 진심을 보여줬으니 더 이상의 만남은 없어야 옳다. 잘 지내시기만 바랄 뿐이다.

사랑한다는 남자

남자들은 참 이상하다. 왜 사정하는 그 순간엔 꼭 사랑한다는 말을 하는 걸까. 그가 사랑하는 건 누구인 걸까? 설마 처음 본 나는 아닐 테고. 자신의 정액 속에 포함된 정자들일까? 궁금해라. 담엔 꼭 물어볼까 보다. 궁금한 건 또 있다. 과연 자신의 아내에겐 저런 말을 하는 걸까? 크게 그럴 거 같진 않은데. 우리나라 사람들이 사랑을 표현하는 일에 누구보다 인색하다는 걸 잘 알아서 하는 말이다.

그도 그럴 것이 우리 부모님 세대들은 사랑을 표현하는 일이 법적으로 금지된 것처럼 보이는 시대를 살아온 사람들 아닌가. 법을 준수하는 것이 무엇보다 중요한 일임을 알고 살아온 당신들이었으니 당연히 그를 지켰을 것은 불문가지. 그런 사람들이 자식들 앞에서 키스를 한 적이 있을까. 키스는 고사하고 포옹하는 것조차 한 번도 본 적이 없다면 알만 하지 않을까. 그런데 가끔 TV나 활자 매체를 보면 사랑을 표현하는 것이 마치 자신들의 의무인 것처럼 행동하는 연예인 커플들을 볼 때가 있다. 누구라고 말은 안 하지만 알 만한 사람들은 다 아는 그 커플은 하루에도 몇 번씩 사랑을 표현하고 지금도 키스를 한다며 자랑스럽게 말하는 걸 보곤 한다. 대부분의 사람들을 그런 그들의 모습을 가식인양 치부하며 치를 떨지만 이상하게도 나는 그 모습이 보기 좋았다. 나에게도 언젠간 남자친구가 생길 거고 그때가 오면 꼭 저들처럼 저렇게 사랑을 속삭여야지 생각했다.

문제는 이제껏 만난 남자들은 하나같이 무뚝뚝하고 사랑표현에 인색한 사람이었단 것. 정확한 이유는 알 수 없지만 평균적인 한국의 남자는 감정을 드러내는 일에 약점을 보인다는 거였다. 자신의 감정을 표현하는 일은 물론이고, 심지어 타인의 감정을 곧이곧대로 받는 법도 모르는 미숙한 어린아이 같은 모습을 보일 때가 많다는 거다. 그래서 나는 우리나라 남자들은 사랑한다는 표현을 안 하고 사는 건 줄 알았다.

그런데 이곳에서 만난 남자들은 안 그랬다. 그들은 하나같이 사랑한다는 걸 온 몸으로 보여줬으니까. 얼마나 사랑이 간절했으면 일주일에 서너 번씩 들러 사랑한다고 말할까. 그것만이 아니다. 자신이 말하는 사랑으로도 모자라 내게까지 사랑한다고 말해달라는 이들도 심심찮게 만난 걸 보면 이 땅의 남자들은 기회만 주어지면 충분히 사랑한다는 표현을 할 수 있을 거 같다는 느낌을 받았다. 물론 그 사랑이라는 게 지극히 섹스에 국한된다는 게 문제였지만. 사정할 때만 사랑을 말하는 남자들에게 전하고 싶다. 사정하지 않더라도, 그 순간이 아니더라도 언제든지 사랑을 표현하라고.

페티시를 즐기는 남자

이곳에서 일을 하다보면 참으로 다양한 인간의 욕구를 만나게 된다. 평범하게 살았다면 그런 세계가 존재하는지조차 알 수 없었을 그런 욕구들이다. 어떻게 보면 변태처럼 여겨질 은밀한 욕망들. 그 욕망에 맞닥뜨리고 나면 때론 수치스럽기도 하지만 그게 반드시 비난받아야 할 일은 아니란 것 또한 깨닫게 된다. 바로 이런 것들이었다. 내가 만난 평범하지 않았던 욕망들.

(1) SM

연예 기획사를 말하는 게 아니다. 소위 변태라고 부르는 그 행위, 바로 사디스트와 마조히스트의 합성어를 뜻하는 단어다. 흔히들 SM이라 하면 가장 먼저 떠올리는 것이 채찍을 휘두르는 남자와 그를 온몸으로 받아들이는 여자다. 성적으로 가학하는 것(사디즘)을 즐기는 사람과 피학(마조히즘)을 즐기는 사람들이 하는 놀이. 아마 내가 이 일을 하지 않았다면 내

평생 이 용어는 책이나 영화에서 접한 것으로 끝났을 것이다. 이는 곧 내가 이걸 원하는 손님을 만났다는 뜻이다. 정말 놀라웠다.

아는 사람도 있겠지만 이렇게 SM을 즐기는 사람만을 위해 만들어진 유흥업소도 있다. 따라서 이런 성향을 지닌 사람은 그런 곳을 찾아가는 게 대부분이다. 굳이 키스방까지 와서 이럴 일이 아니란 뜻이다. 그래서 이런 사람을 만나게 될 줄은 몰랐다. 그런데 만나고야 말았다. 생긴 건 아주 평범했다. 그래서 여느 손님 대하듯 대화를 시작했는데 그가 부탁할 것이 있다고 했다. 사실 자신의 취향은 이러저러하니 자신을 때려주면 좋겠다는 것이었다. 너무 당황스러웠다. 단 한 번도 생각해본 적이 없는 일이었기에 더욱 그랬다. 그냥 실장에게 말하고 캔슬시켜야 하나 생각했는데 그의 눈빛이 너무 애절했다.

그나마 마음이 놓였던 건 그의 성향이 가학을 즐기는 사디즘이 아니라 피학을 즐기는 마조히즘이었다는 것이다. 그러니 어떤 경우에도 내가 맞을 일은 없는 거란 생각이 나를 유혹했다. 평생 이런 경험을 한 번이라도 해볼 수 있을까 하는 호기심이 불쑥 피어났다. 까짓 것, 큰일이야 있겠나. 근데 뭘로 때리지? 영화에서 보는 것처럼 채찍도 없는데. 내가 난감한 표정을 짓자 그가 알았다는 듯 주섬주섬 바지를 내렸다.

"엉덩이를 때려주면 돼요. 손으로."

참 살다보니 별 일을 다 겪는다. 토실토실 살이 오른 엉덩이를 툭 건드렸다. 때린 건 아니고 정확히 건드렸다. 그 손길에도 그는 나지막한 신음을 흘렸다. 저게 정말 좋은 걸까. 확실한 건 그가 좋아했다는 거다. 그렇게 1시간을 구타하는 여자로 살았다. 때리는 건 생각보다 어렵지 않았다. 맞을 때 보니 그의 물건이 불룩하게 자라나는 걸 목격할 수 있었다. 진짜 흥분되는 모양이다. 그렇게 시간이 모두 지났고, 내 손자국이 선명한 흔적을 남긴 엉덩이를 부여잡은 그는 유유히 떠났다. 나와서 실장에게 그런 얘기를 했더니 꽤 놀란 표정을 지어보였다. 굳이 안 해도 됐다는 말도 더했다. 내 요청이 없었음에도 실장은 그를 블랙 처리했다. 다음에는 SM 업소로 가시길.

(2) 페티시즘

이와는 좀 다른 일도 겪어 보았다. 페티시즘이라고 부르는 성적 취향을 가진 남자들이다. 직접적인 섹스보다 팬티나 브래지어 등의 물건 또는 여성의 특정 신체 부위에 유난히 집착하고 그 집착을 통해 쾌락을 얻는 것을 '페티시즘'이라고 한다는데 바로 그런 취향을 지닌 사람을 만난 것이다. 내가 만난 사람은 그중에서도 스타킹에 강한 집착을 보였다. 알고 보니 페티시즘 가운데 가장 일반적인 것이라고 하던데, 여자도 아닌 남자가 스타킹을 왜 좋아할까. 생각 외로 이 스타킹에 환장하신 분들은 이곳에서 어렵지 않게 볼 수 있다.

　가장 흔하고 평범한 유형은 스타킹을 신고 들어와 달라며 직접 구매를 해오는 경우다. 그들은 스타킹을 신은 여자의 다리를 보면서 성적 흥분을 느낀다. 더러는 스타킹을 입는 모습부터 벗는 모습까지, 일종의 스트립쇼를 보여 달라고 하는 경우도 있다. 스타킹을 신은 다리를 만지거나, 최대한 야한 포즈를 취해달라고 하는 등 페티시 샵에서나 할법한 일들을 요구하곤 한다. 또는 스타킹을 찢는 행위를 통해서 쾌감을 느끼는 경우도 있다. 스타킹을 신은 다리를 만지다가 본인의 흥분을 이기지 못하면 스타킹을 찢어버리곤 한다. 특히나, 찢어진 스타킹을 가져가는 사람도 있다. 개인적으로는 이런 스타킹을 찢는 행위를 해본 적이 없어서, 나름의 재미가 있다는 생각도 한다. 그런가 하면, 아예 자기가 스타킹을 신고 오는 경우도 있다. 살면서 그런 광경은 처음 봤는데, 아래 부분이 뻥 뚫린 스타킹만 신고 와서는 자위하는 사람이었다. 겨울에나 신을법한 스타킹인줄만 알았는데, 이렇게나 다양한 목적으로 사용이 될 줄은 나도 몰랐다.

장애를 가진 남자들

장애를 지니고 있다 해서 남자로서의 본능이 사라지지는 않는다는 건 상식적으로 생각해봐도 알 수 있다. 자주는 아니지만 가끔 이런 이들도 만나게 된다. 신체적인 장애를 지닌 사람도 있고 혹은 지체 장애 등 정신적 흠결을 지닌 사람도 있다. 그들을 만나면서 알게 되었다. 그들 역시 남자란 것을. 그들도 똑같이 돈을 낸다. 장애자라고 해서 특별한 할인이 있는 것도 아니니 당연히 그럴 것이다. 그런데 매니저들 가운데 일부는 이런 부류의 남자들을 꺼려하는 경우가 있다. 아무래도 익숙하지 않기 때문일 것이다. 다행히 난 그들에 대해 특별한 거부감은 들지 않았다. 그냥 남자일 뿐이었다. 내 손길에 반응하는 그냥 남자. 그들에게도 욕구는 해소되어야 할 일이지 않을까.

돈

돈이 왜 필요한가?

Case 1.
어려서 부모님을 여의고, 계모와 언니들에게 구박을 받은 이는 비단 신데렐라만의 일은 아니다. 이곳에는 의외로 그런 아이들이 많기 때문이다. 당장 우리 가게만 해도 그렇다. 부모님 없이 조부모 손에 자란 A. 채 고등학교를 졸업하기도 전에 건강이 악화된 조부모를 위해 평범한 삶을 버려야만 했던 그녀는 생활비와 병원비를 벌기 위해 처음 보는 남자들에게 웃음을, 입술을 팔아야 했다. 남들보다 조금 더 많은 돈을 벌긴 하지만 그것으로 그녀의 잃어버린 평범한 삶을 보상받을 수 있는 걸까.

Case 2.

사회에 진출하기도 전에 빚부터 져야만 하는 게 요즘 대학을 졸업하는 이들의 단면이다. 소 한 마리 팔아서는 감당할 수 없는 학비 때문이다. 어쩔 수 없이 학자금 대출에 의지할 수밖에 없는 그들. 그렇다고 취직이 쉬운 것도 아니다. 마냥 손 놓고 취직 전선에 뛰어들 수만 있다면 좋겠지만 현실은 그를 허락지 않는다. 그런 그녀들이 이곳으로 온다. 어떻게 보면 대견스럽기까지 하다. 부모님에게 손을 벌리지 않고 자신의 노력으로 이자와 원금을 갚겠다는 것이니까. 물론 그 대가는 참혹하다. 고약한 입 냄새를 감수하며 하루에도 수십 번씩 키스를 해야 하니까. 그래도 투정 따위는 하지 않는다. 개처럼 벌어서라도 자신의 이름으로 되어있는 빚을 갚아야 하기 때문이다.

이런 게 드라마에서나 볼 법한 이야기라고 생각하는 사람은 적어도 이 대한민국에는 없으리라. 내가 일하는 이곳 혹은 또 다른 키스방에서라면 찾아볼 수 있는 일들이기 때문이다. 그녀들은 돈을 벌기 위해 원치 않았던 일을 하고 있다. 그 일을 하지 않아도 되는 것 아니냐고? 물론 그럴 수도 있다. 그러나 그렇게라도 벌지 않는다면 이보다 더한 비극을 목도해야만 한다. 몸이 아파도 병원에 갈 수 없고, 수시로 걸려오는 채무 변제의 독촉에 시달리는 것이 모르는 사람과 나누는 키스보다 더 슬픈 일이란 걸 정말 모르진 않겠지. 이곳에서 돈은 때론 신 혹은 그 이상의 의미를 지니는 존재인 까닭이다.

그녀들은 왜 그럴까

키스방에서 일을 하는 친구들이 돈에 민감할 수밖에 없는 것은 너무도 당연하다. 인정하기 싫지만 돈이 아니었다면 이 일을 할 이유가 없기 때문이다. 그렇게 힘들게 번 돈이지만 사람에 따라서는 그를 대하는 방식이 제각각이다. 그저 남들보다 잘 먹고 잘 입고 잘 쓰겠다고 생각하는 이들이 있는가 하면 그렇게 번 돈으로 미래를 착실하게 준비하는 이들도 있는 것. 자신이 왜 돈을 벌려 하는지 확실한 목표가 있다면 이곳에서의 일이 아무 의미 없지는 않을 것이다. 그러나 그게 아니라면 그녀의 삶은 너무나도 허무한 것 아닐까. 의외로 이런 부류들을 자주 보게 되는데 그럴 때마다 안타깝기만 하다. 그녀들은 왜 그럴까.

　겪어본 이는 알겠지만 유흥이라는 바닥은 떠나기가 쉽지가 않다. 돈이야 많으면 많을수록 좋은 것이니 이렇게 쉽게, 많이 벌 수 있는 일을 쉬이 뿌리치기가 힘든 것, 기본적으로 이 일은 젊음과 미모가 남아있을 때라야만 할 수 있는 일종의 '한철장사'다. 그래서 할 수 있는 한 최대한으로 뽑아먹고 조용히 시집을 가겠다는 사람들을 많이 만나게 된다. 특히나, 어린 시절(갓 스무 살)부터 이 일을 해온 친구들은, 이 일을 그만두기가 더 쉽지가 않다. 쉽게 많은 돈을 벌 수 있는 직업이다 보니, 게다가 20대 초반에 돈이 들어갈 일이라곤 제 몸 하나 단장하는 정도이니 놀 거 놀면서 잠깐씩 일하기가 좋을 것이다. 그렇게 돈 자체에 길들여지다 보면, 이 생활을 벗어날 수가 없게 된다. 게다가 직장을 구해서 어느 정도 자리를 잡는 20대 중후반이 되기 전까지는 이 정도 생활로도 남들보다 몇 배는 풍족하게 살 수 있으므로. 그런 친구들은 목적이 뚜렷하지 않다. 출근도 일정하지가 않고, 볼 일 다 보고 나온다. 사소한 것들에 대한 소비 자체가 목적이므로 절대로 돈을 모을 수가 없고, 늘 허덕일 뿐이다.

그러나 다 그런 건 아니다. 앞서 살펴본 것처럼 부득이한 사정으로 인해 이 일을 시작하게 된 친구들은 힘들게 모은 돈을 명품 백에 쏟아 붓는 어리석음을 범하기가 쉽지 않다. 그들은 자신이 바라는 목적을 달성하기 위한 최단 코스를 밟아 가려 노력한다. 하루하루 땀(?) 흘려 번 돈은 각자의 통장에

고스란히 집어넣는 게 그런 친구들의 특징이다. 때로는 손님들의 전문적인 의견을 구해 주식이나 펀드, 혹은 채권에 투자하는 친구들이 있는데 그 역시 보다 효율적인 재무관리를 위한 노력인 것이다. 푼돈조차도 허투루 쓰지 않는 알뜰함을 가진 친구들은 오래지 않아 이곳을 졸업하게 될 것이 분명하다.

모으는 사람 vs. 쓰는 사람

흔히 한 가지 일을 오래 한 사람에겐 나름의 존경심을 품게 되는 법이다. 특히 그 일이 어려운 것이라면 더욱 그렇다. 그러나 이곳 키스방에서라면 이야기가 달라진다. 이년, 삼년을 버틴 친구들이 대단해보이기는 하지만 그게 바람직해 보이지는 않기 때문이다. 평균적으로 계산 해봐도 그 시간동안 번 돈이 일반적인 직장인보다 훨씬 많았을 거라는 건 충분히 짐작 가능하다. 그렇게 벌고도 이곳을 졸업하지 못했다는 건데 그게 무얼 의미할까? 그건 곧 많이 벌고 그만큼 썼다는 것 아닐까. 그랬으니 모아 논 돈이 없었을 거고 그래서 은퇴도 하지 못한 것이다.

　이런 친구들을 보면 공통적으로 발견되는 것이 있다. '절

약 정신'이 없다는 게 그것. 그리고 자신의 물건에 대한 애착
도 적다. 쉽게 사들일 수 있으니 아무렇게나 방치하는 경우가
많은 것이다. 사소한 부분일 수도 있지만 그런 것들이 쌓이면
큰 부분이 되는 것 아닌가. 당장 내 주변에도 그런 아이가 있
다. 분명히 며칠 전 백화점에 들러 고가의 화장품을 샀다고
자랑했는데 그게 어디 갔는지 모르겠다며 투정을 부리곤 한
다. 나 같으면 그 돈이 아까워서 사지도 못했겠지만 설혹 샀
다면 엄청나게 주의 깊게 다루었을 것인데 그녀는 그렇지 않
았다. 한 번 쓰고 나면 아무렇게나 던져두니 결국 어디 있는
지 모르게 되는 것이다.

그걸 잃어버리고 슬퍼하긴 하지만 그건 잠시뿐이다. 언제
그랬냐는 듯 아무렇지 않게 행동하는 그녀. 그리곤 다시 백화
점으로 가 쇼핑을 한다. 물론 버는 것에 비하면 소소한 것일
수도 있다. 그렇게 생각하니 이렇게 행동하는 것일 테고. 참
고로 그녀는 키스방 여기저기를 돌아다닌 지가 3년이다. 꽤
반반한 외모를 지니고 있어 손님들에게도 인기가 많은데 그
래서인 걸까. 솔직히 그녀를 보면 안타깝다. 언제까지 그렇게
벌 수 있는 건 아닐 텐데. 그녀는 그 사실을 모르는 걸까.

이런 친구들의 또 다른 특징 하나. 출근 자체가 일정하지
못하다는 것이다. 어느 관계 또는 업종이든 마찬가지겠지만,

사람에게 있어 신용은 매우 중요한 부분이다. 사람의 관계를 지속시켜주는 것은 저 사람이 얼마나 예측 가능한가에서 시작하니까. 그러나 돈을 모으지 못하는 친구들을 보면 가장 기본적인 부분이 메워지지 않는 편이다. 키스방은 불법의 묘한 경계에 놓여있기 때문에, 대부분 예약을 통해 운영이 된다. A라는 사람이 1시부터 6시까지 일한다는 사실을 실장 또는 사장이 알고 있어야 예약을 잡아줄 수 있고, 그래야 A는 돈을 벌 수 있다.

그런데, 내일 출근하겠다는 약속을 하고도 정작 내일이 되면 잠수를 타는 경우가 있다. 만일 이곳이 회사라면, 또는 학교라면 과연 저럴 수 있을까 싶을 정도로, 무책임하고 일관성 없는 모습들이 나타난다. 그 매니저의 말에 기초하여 예약을 잡았던 업주들은 취소 전화나 예약을 다른 매니저로 돌리는 등의 전화를 돌려야하고, 이런 일이 반복되다 보면 자연스럽게 손님이 줄어들고 예약을 잡아주기가 힘들게 된다. 그럼에도 불구하고, 새로운 손님은 늘 있으므로, 하루살이 인생의 버릇은 쉽사리 고쳐지지 않고 말로는 한 달에 20일을 출근하는 패턴 역시 변화하지 않으며, 자연히 도태의 길로 걷게 되는 것이다.

물론 이런 친구들만 있는 건 아니다. 어느 조직이든 우등

생과 열등생은 존재하는 거니까. 꽤나 돈을 잘 모은다고 자부하는 나조차도 감탄스러운 친구들도 상당수 있다. 그녀들의 삶은 위에서 언급된 친구들과 거의 정반대라고 보면 이해하기가 쉬울 것이다. 어떤 특징들이 있는지를 살펴보면 대충 이렇다.

우선은 푼돈조차도 아까워한다. 가까운 거리는 걸어 다니고, 밥도 가게에서 제공하는 식사나 식대로 해결한다. 자기 돈 들여서 하는 군것질은 당연히 없고, 화장품은 한 번 사면 바닥을 드러내야만 새로운 것을 사는 편이다. 필요 최소한의 치장만 할 뿐, 분에 넘치는 또는 목표 달성을 방해하는 소비는 절대로 하지 않는다.

또한 출근율이 '매우' 좋은 편이다. 출펑(출근 펑크)을 낸다거나, 오기로 한 시간에 늦는 등 약속을 지키지 않는 일은 거의 없다고 볼 수 있다. 게다가 적지 않은 시간을 일한다. 정말로 회사에 출근하듯 8시간 정도부터 많게는 주야간(오픈부터 마감까지 12시간 이상)을 모두 일하기도 한다. 손님들이야 언제 올지 모르니, 오랜 시간을 일하는 것이 좋을 뿐만 아니라, 손님 입장에서도 A라는 매니저가 고정적으로 출근한다는 사실을 알고 있으니 원하는 때에 맞춰 자주 만날 수 있고, 자연스럽게 손님이 많이 늘어나고, 상대적으로 더 많은 돈을 벌 수 있다.

무엇보다도 이렇게 모은 돈으로 하고자 하는 '목적의식'이 뚜렷하다. 하루라도 빠르게, 누구보다 더 멀리 이 생활을 청산하겠다는 매일의 다짐. 그러한 목적의식 하에서는 자연스럽게 돈을 더 열심히 모으게 되고, 더 빠르게 돈을 버는 방법을 연구하니, 돈을 많이 벌수밖에 없다.

거의 하루 종일 일에만 빠져살다보니 TV 볼 시간이 거의 없긴 하지만 그 와중에도 가끔 보는 프로그램이 있는데 그게 EBS에서 하는 극한 직업이란 프로다. 말 그대로 엄청나게 힘든 일을 하는 사람들을 보여주는 건데 그걸 볼 때마다 키스방에서 일하는 사람도 등장해야지 않나 하는 말도 안 되는 생각을 하곤 한다. 어부나 광부처럼 극한의 육체적 고통에 시달리는 건 아니지만 스트레스란 관점에서 본다면 크게 다를 건 없다고 생각하는 까닭이다. 그 프로에 등장하는 사람들은 무슨 생각을 할까? 아마 그러지 않을까. 빨리 돈을 벌어서 조금 더 괜찮은 일을 하고 싶다고. 우리도 마찬가지일 것이다. 그러려면 아무 생각 없이 돈을 낭비하는 일은 없어야 하지 않을까. 그냥 안타까워서 하는 말이다.

성형 중독에 빠진 여자

좀 과장해서 표현한다면 TV에 등장하는 배우나 가수를 제외한 우리나라의 예쁜 언니들은 모두 유흥업소에 있다는 우스갯소리가 있다. 그게 다는 아니겠지만 어느 정도는 사실일 거란 걸 깨달은 게 이곳에서 일하면서부터다. 매번 그런 건 아니지만 가끔은 여자인 나조차도 감탄하게 만드는 언니들을 발견할 때가 있으니까. 지금 일하는 이 가게에서도 그랬다. 우리 가게의 에이스인 그녀는 진짜로 예쁘다. 저런 여자라면 나라도 한 번은 만나고 싶어질 정도니까. 궁금했다. 저런 외모를 가진 여자가 뭐가 아쉬워서 이런 일을 하나 싶었다. 조금 친해지고 나서 물었다. 넌 이렇게 예쁜데 굳이 이런 일을 할 이유가 있냐고? 그녀의 대답은 이랬다.

"이 일을 해서 예뻐진 거야. 눈도, 코도, 턱도."

무슨 말인지 못 알아듣는 표정을 짓자 그녀가 다시 덧붙였다.

"성형한 거라고. 전부 다."

우리나라가 성형의 왕국이란 건 익히 알고 있었지만 그걸 했다고 이렇게까지 예뻐지는 걸까 하는 의구심도 잠깐이었다. 수술 전 그녀의 모습은 지극히 평범했다. 솔직히 지금의 나보다 예쁘지 않았으니까. 더 놀라웠던 건 아직도 그녀의 성형이 마무리된 게 아니란 사실이었다. 거기서 더 할 데가 어디 있다고. 그러나 그녀는 더 하고 싶어 했다. 자신이 돈을 버는 이유의 많은 부분이 바로 성형 때문이라고 밝혔던 그녀. 참 이해가 안 갔지만 그럴 수도 있을 건 같았다. 실제로 다른 친구들 가운데서도 성형을 했거나 더 할 거라고 말하는 아이들이 많았으니까.

솔직히 잘 모르겠다. 더 예뻐진다는 게 무슨 의미인지. 그렇게 예뻐지면 스스로 가지게 되는 만족감이 엄청나다는 건 안다. 그런데 그 다음은? 그렇게 예뻐져서 또 다른 화류계로 진출하려는 걸까? 아니면 돈 많은 남자를 만나서 소위 말하는 취집(?)이라는 걸 하려는 걸까? 이도 저도 아니면 그냥 남들이 다 하는 일이라서 하는 걸까? 이곳에서 일하며 받은 느낌은 이제 성형이란 특별한 일이 그저 보통의 일상처럼 변해 가고 있다는 사실이다. 감기에 걸리면 주사를 맞고, 중이염이 걸리면 약을 먹듯이, 코가 낮으면 주사를 맞고 살이 안 빠지면 식욕억제제를 먹는 세상이 된 거랄까. 난 요즘 여자가 아닌 모양이다. 아무리 봐도 그 생각에 동의할 수가 없으니까.

그리고 ...

불장난과 사랑, 그 묘한 경계에 선 매니저들

이성을 만난다는 것, 금전적 대가를 치르고 키스를 한다는
것. 보통 사람들에겐 사랑의 결실을 맺게 만드는 특별한 행위
겠지만 우리에겐 그저 일일 뿐인 것이다. 그러나 우리도 여자
고 사람이다. 아무리 익숙해져도 때론 익숙하게 받아들일 수
없는 일을 수시로 하다 보니 감정이 생기고 마음에 격랑이 일
어날 때가 있다. 그래서 때론 그 일을 통해 누군가에게 끌리
기도 하는 것이다. 실장들이나 오래 일을 한 친구들은 그런
경험을 하지 말라고 조언한다. 그게 얼마나 힘든 일인지를 겪
어보았기 때문일 것이다. 그러나 그게 맘대로 되는 일인가.

나 역시 그 비슷한 일을 겪어보았다. 다행히 심각한 정도까지는 이르진 않았지만 그 덕에 적잖이 마음 아파하기도 했다. 다른 친구들은 나보다 더 많이 누군가에게 끌리기도 한다. 그래서 아파하고 그래서 몸져눕는다. 물론 그 끝은 언제나 아름답지 못하다. 간혹 해피엔딩이 생기기도 하지만 그건 백중 하나 둘일 뿐이다. 혹시 이런 일을 하게 된 친구가 있다면 꼭 명심하기 바란다. 우리에게 키스는 그냥 일이란 것을.

지명 이야기

어느 장사든 마찬가지겠지만 단골손님의 존재는 너무나도 중요하고 또 감사하다. 게다가 하고 많은 키스방을 놔두고, 심지어 함께 일하는 다른 친구들을 제쳐두고 나를 다시금 찾아주는 사람들한테는 고마워서 뽀뽀라도 한 번 더 해주고 싶은 심정이다. 특히나 한 아가씨만을 놓고, 마치 남자친구처럼 정기적으로 찾는 이들이 바로 '지명 손님'이다. 참 고마운 사람들이다. 오직 나만을 보고 이곳을 찾아주는 사람들 덕에 난 돈을 벌고 때론 마음의 위안을 받기도 하니까. 이 일을 하며 지명 하나 안 만들어본 친구는 없겠지만 가끔은 그런 지명들을 너무 홀대하는 건 아닌지 걱정되기도 한다. 그렇게 일하는 친구들이 아주 없는 건 아닌 까닭이다.

이 일도 따지고 보자면 영업직이기에, 얼마나 많은 고객을 확보하느냐는 매우 중요한 문제다. 다른 걸 다 떠나서, 나를 또는 나'만' 찾아주는 사람이 많다는 것은 그만큼 안정적인 밥벌이가 있다는 뜻이니까. 이렇게 지명은 많으면 많을수록 좋기에, 많은 아가씨들이 이 지명을 만들기 위해 또 놓치지 않기 위해 부단히 노력을 한다. 그리고 이 지명과의 관계는 다분히 손님과 아가씨의 관계 이상이다. 밥줄을 잃지 않으려는, 아가씨의 노력 문제도 있겠지만, 손님 측에서도 해당 매니저가 마음에 들어서 꾸준한 만남을 지속하는 편이다보니 자연스럽게 관계가 농밀해진다. 아, 물론 이 농밀하다는 말에는 꽤나 많은 함의가 있다.

단순하게 보자면 수위의 측면이 짙어질 가능성이 크다. 자주 보다보니, 자연스럽게 '조금 더'를 원하게 되고, 매니저 입장에서도 손님을 놓치지 않기 위해서 어느 정도 요구에 응하게 되고, 그러다 보면 관계가 짙어질 수밖에 없는 것이다. 바로 여기서 문제가 발생하게 된다. 서로에게 익숙해지고 일정 부분의 감정을 공유하게 되다 보니 넘지 말아야 할 선을 넘어버리는 경우가 심심찮게 발생하는 것이다. 그렇게 선을 넘다

보면 필연적으로 잡음이 생기게 된다. 그래서 아무리 친한 지명이라 해도 지켜야 할 것은 지키라고 업주들이 채근하는 거겠지.

　그런데, 문제는 그렇게 선을 넘지 않음에도, 친구도 아닌 연인도 아닌 애매한 사이로 오랫동안 보는 사이들이 생기게 되는데, 이럴 경우는 꽤 많이 색다르게 다가온다. 이 생활을 오래 하다보면, 이곳에 발을 들이는 남자들이 더도 말고 덜도 말고, '돈'으로 보인다. 미친년 같다고 해도 할 말이 없다. 하루에도 몇 시간씩을 똑같은 나쁜 놈들에게 시달리다보면, 자연스레 체득하게 되는 일종의 노하우 같은 것이다. 아무리 가까운 지명이라 해도 결론적으로 보면 그 사람은 ATM 기계와 크게 다를 바 없는 이유가 바로 이것이다. 이렇게 단정적으로 말하면 너무 매정한 걸까. 물론 말이 이렇다는 거다. 나 역시 때로는 지명들이 오기를 기다릴 때가 있다. 너무 힘든 하루를 보낸 끝에 지명을 보게 되면 반갑기도 하고. 그래도 그 사람은 역시나 손님일 뿐이다. 그저 조금 더 익숙하고 조금 더 친숙한 그런 손님. 더 이상 마음을 주는 일은 없어야 한다. 너는 손님이고 나는 아가씨인 것. 그래야 이 생활을 할 수 있다. 짧은 기간이나마 이 일을 하며 배운 게 있다면 바로 이것이다.

매니저의 하루

am. 7 : 30 아 일어나기 싫다. 온몸이 다 아프다.
어제 그 새끼가 억지로 몸을 짓누르고
덮치는 거 막다보니 근육통이 생겼다. 도대체 왜 그러는 걸
까. 키스방에선 키스만 하고 가면 되는 거 아닌가. 그럴 거면
오피를 가지. 왜 키스방에 와서 지랄이야. 오늘은 하루 쉴까?
아니다. 열심히 일해서 이번에 새로 출시되는 백 사야지. 그
럴러면 더 열심히 일해야지. 역시 난 목표가 뚜렷해. 호호. 오
늘은 뭐 입고 갈까? 지난번에 샀던 홀복 입을까? 등이 파진
게 야한데. 이거 보면 남자들이 또 침 흘리겠지. 제발 그 침으
로 내 얼굴에 도배질 좀 안했으면 좋겠다.

am. 11 : 50 내가 회사원도 아닌데 왜 이 시간에
출근을 해야 하는 거야? 회사원들은

9시까지 출근한다고? 개들은 오후 7시면 퇴근하잖아. 그리고 12시간 이상을 쉬다 오는 거니 그런 거고. 우린 새벽 퇴근인데. 이래봐야 10시간도 못 쉰 거잖아. 도대체 어떤 미친놈이 점심시간부터 예약을 건 거야? 밥은 안 먹니? 설마 밥 대신 나를 먹으러 왔다 그런 말 하는 놈은 아니겠지. 내가 음식도 아닌데 왜 그렇게 먹고 싶다는 놈이 많은 건지. 그럴 거면 돈이라도 잘 주든지. 겨우 만 원짜리 하나 팁으로 내놓으면서 꼭 백만 원이라도 준 것처럼 유세하는 인간들 너무 짜증나. 밥도 못 먹고 사는 내 신세가 서글프다.

pm. 2 : 40

이래서 장타 손님은 싫어. 특별히 할 것도 없는데 두 시간이나 들볶였더니 죽을 맛이네. 그나저나 요즘은 왜 이렇게 진상들이 많은 건지. 어제도 그러더니 오늘도 이러네. 하고 싶으면 다른 데 가면 안 되나? 혹시 우리가게 실장이 이상한 마케팅 하는 거 아냐. 우리 가게에서는 키스 그 이상도 가능하다는 식으로 글 올린 거 아닌지 의심된다. 그게 아니라면 어떻게 오는 손님마다 이러고 가는 거냐고. 확인해봐야겠다. 그게 사실이라면 아무래도 가게를 옮겨야 할 텐데. 또 어디 가게로 갈까? 지난번에 옮긴 수정이 가게는 좀 괜찮을래나. 전화 해봐야겠다. 거긴 개수 많이 찍는 걸까.

pm. 4 : 30 그래, 슬픈 마음은 천사 지명이 달래줄 수 있지. 하, 왜 저 사람은 저리도 바쁠까. 되게 괜찮은 사람인데…… 여자친구도 있겠지? 사회에서(?) 만났다면 되게 좋은 친구라도 될 수 있었을 텐데. 에휴. 아무튼 덕분에 그나마 좀 힐링이 된다. 저녁 예약은 왜 이리도 많냐. 저녁 먹을 시간도 없겠네. 엄마한테 늦는다고 문자라도 해봐야겠다. 하, 나는 친구는 언제 만나고, 놀러는 언제 가냐. 아니다, 빨리 벌어야 빨리 또 멀리 도망가지. 조금만 참

자. 밥이나 먹어야겠다. 좀 맛있는 것 좀 먹고 싶은데, 맨 치킨이나 햄버거는 먹을 수도 없고, 속도 안 좋은데 죽이나 먹어야겠다.

pm. 7 : 17 이놈의 코리안 타임은 정말 짜증난다. 오기로 했으면 딱딱 맞춰올 것이지. 지가 뭐라고? 다음 손님 예약 밀리면 그 책임은 누가 질 건데. 이런 사람 때문에 경제가 발전이 안 되는 거라고. 아무래도 안 올 것 같은데. 아이씨 안 그래도 손님 없어 힘들구먼. 덕분에 본의 아니게 쉬기는 하는데 이런 건 쉬어도 쉰 게 아니잖아. 엥, 지금 왔다고? 뭐냐? 아이 짜증나.

pm. 8 : 42 내 가슴이 어때서 이 지랄이야. 큰 맘 먹고 만짐을 허락했으면 고마워해야 정상 아닌가. 탄력이 없다고? 실컷 만지고 그런 소릴 하고 싶을까. 게다가 입 냄새는 왜 이리 나는 건지. 칫솔이랑 치약은

폼으로 가져다 놓은 게 아니라고. 좀 구석구석 닦으면 어디가 덧나기라도 한대. 진짜 냄새 때문에 머리가 아파 죽겠다. 이럴 때면 축농증 있는 사람이 부럽다니까. 얼마나 좋을까. 냄새도 못 맡고...

pm. 10 : 05 아무래도 오늘 운세에 마가 낀 게 틀림없지 싶어. 어떻게 이렇게 줄줄이 진상들만 만나게 되는 거냐고? 게다가 말 진상, 손 진상, 몸 진상까지 만날 수 있는 진상은 다 만나네. 오늘은 그냥 몸 안 좋다고 핑계 대고 가버릴까. 이런 날은 더 있어봤자 좋을 게 없는데. 근데 실장 표정이 안 좋네. 괜히 간다 그랬다간 욕만 먹을 것 같다. 참자. 어차피 이보다 더 나쁠 수는 없잖아. 설마 이보다 더한 진상을 만나진 않겠지.

am. 2 : 20 하아 힘들다. 마지막 손님만 아니었음
조금 더 일찍 퇴근할 수 있었을 텐데.
도대체 그렇게 떡이 되도록 술 먹고 이런 데는 왜 오는 거야?
그리고 술 먹었으면 그냥 처자면 얼마나 좋아. 들어올 때만
해도 몸도 못 가누는 것 같더니 막상 나를 보니 멀쩡하데. 곱
창이랑 삼겹살 먹고 온 거 굳이 말 안 해도 돼. 니 몸에서, 옷
에서 냄새가 작렬하니 누구라도 알 거야. 게다가 마늘도 왕창
먹었더라. 어떻게 아냐고? 입에서 마늘이 피어나는데 그걸
모르면 바보지. 어쨌든 선방했다. 힘들긴 했어도 지갑은 두둑
하잖아. 이 정도면 며칠 안에 찜해놓은 명품 백 살 수 있을 것
같다. 조금만 더 힘내자. 그런데 왜 콜때기는 안 오는 거지?
아무래도 이 아저씨 바꿔야 할 모양이다. 처음엔 시간 딱딱
맞추더니 요즘 갈수록 늦어지네. 그제 보니 잘생긴 콜때기 아
저씨 있던데 그리로 바꿔 탈까.

당 신 의 **남 자** , 그 리 고 **여 자** … **이 곳 에** !

키스방 이야기

그 녀 의 일 기